总主编 胡云腾
学术总顾问 高铭暄

北京师范大学刑事法律科学研究院
外国刑法典译丛

# 土库曼斯坦刑法典

TÜRKMENISTANYŇ JENAÝAT KODEKSI

赵路◎译

法律出版社
LAW PRESS·CHINA
北京

**图书在版编目(CIP)数据**

土库曼斯坦刑法典 / 赵路译. -- 北京 : 法律出版社, 2025
(北京师范大学刑事法律科学研究院外国刑法典译丛)
ISBN 978-7-5197-8588-8

Ⅰ. ①土… Ⅱ. ①赵… Ⅲ. ①刑法-法典-土库曼斯 Ⅳ. ①D936.34

中国国家版本馆 CIP 数据核字(2023)第 228490 号

**土库曼斯坦刑法典**
**TUKUMANSITAN XINGFADIAN**

赵 路 译

策划编辑 朱 峰
责任编辑 马秋婧
装帧设计 臧晓飞

**出版发行** 法律出版社
**编辑统筹** 辞书·融出版编辑部
**责任校对** 晁明慧
**责任印制** 吕亚莉
**经　　销** 新华书店

**开本** 710 毫米×1000 毫米 1/16
**印张** 12.5　**字数** 125千
**版本** 2025 年 3 月第 1 版
**印次** 2025 年 3 月第 1 次印刷
**印刷** 北京建宏印刷有限公司

地址:北京市丰台区莲花池西里 7 号(100073)
网址:www.lawpress.com.cn
投稿邮箱:info@lawpress.com.cn
举报盗版邮箱:jbwq@lawpress.com.cn
销售电话:010-83938349
客服电话:010-83938350
咨询电话:010-63939796


**书号**:ISBN 978-7-5197-8588-8
**定价**:50.00 元
凡购买本社图书,如有印装错误,我社负责退换。电话:010-83938349

# 总　　序

刑法是惩罚犯罪与保障人权的重器,刑法典是法律体系中的大典。当今世界,各国无不重视制定和修订刑法,不仅实行成文法传统的大陆法系国家均制定了刑法典并不断加以修订,如德国、法国和日本等,而且实行案例法传统的英美法系国家也制定了单行的刑法或者统一的刑法典,前者如英国、美国,后者如印度、新加坡等。用刑法典或者成文刑法维护国家安全和根本利益,保障公民人身和财产权利,保护经济发展和社会稳定,已经成为各国通行的做法和全球化趋势。

新中国成立以来,党和国家高度重视刑事立法。新中国成立之初,中央人民政府就制定了《中华人民共和国惩治反革命条例》《妨害国家货币治罪暂行条例》《中华人民共和国惩治贪污条例》等单行法律,为惩治相关犯罪提供了明确依据。改革开放以后,全国人民代表大会在 1979 年颁布的 7 部重要法律中,就有《中华人民共和国刑法》,这是新中国制定的第一部具有刑法典性质的刑法。此后,为适应严厉打击刑事犯罪的需要,全国人大常委会相继制定了 20 多部单行刑法,并在一些行政和民商事法律中附带规定了刑法的内容。1997 年,全国人民代表大会出于统一刑事立法的考虑,通过系统整合 1979 年刑法、单行刑法和附属刑法规范,全面修订了《中华人民共和国刑法》,这实际上是一部名称上没有加“典”字的刑法典,首次实现了刑法体系的科学化和系统化。

1997 年刑法实施以后,刑法的修改一直采取修正案的形式,全国人大常委会现已出台了 11 个刑法修正案,在不打乱 1997 年刑法体系的基础上,增加、修改和完善了刑法的大量内容。与此同时,国家立法机关还制定了《中华人民共和国反有组织犯罪法》《中华人民共和国反电信网络诈骗法》等含有诉讼程序、工作机制和刑法规范的综合性刑事法律,开创了刑事立法的新模式。

需要指出的是,我国在制定和修改刑法的各个时期中,学术界和立法机关都注意研究、借鉴域外的刑事立法规范和经验。改革开放40多年来的立法实践证明,这种坚持"以我为主、为我所用"的做法是实现我国刑事立法不断与时俱进,促进刑法体系现代化的有益举措。进入新时代,为了贯彻习近平总书记2020年11月在中央全面依法治国工作会议上提出的"坚持统筹推进国内法治和涉外法治"的要求,贯彻落实党的二十大报告关于"统筹推进国内法治和涉外法治"和"以中国式现代化全面推进中华民族伟大复兴"的重大部署,我们更要注重研究借鉴域外法治经验。统筹推进国内法治和涉外法治,实现中国式现代化,其中重要的内容就是法治的现代化,而法治现代化建设需要国际视野,法治现代化的重要特征是法治国际化。故翻译其他国家刑法(典),博采众长为我所用、与我互动,是完善我国刑法、推进刑事法治现代化的必要条件,也是统筹推进国内法治和涉外法治的有力举措。正是出于贯彻落实党中央和习近平总书记统筹推进国内法治和涉外法治的要求,全面、系统地了解、研究、借鉴相关国家刑事立法的最新发展,北京师范大学刑事法律科学研究院与法律出版社密切合作,决定组织翻译、出版一批外国刑法(典)。

回顾历史,在中华法系从自成一体到开放兼收的转变历程中,翻译外国法律(典)的工程功不可没。经查询北京师范大学图书馆、首都图书馆及国家图书馆有关资料,我国翻译、出版代表性国家刑法(典)的活动肇始于清末修法运动,自1903年出版邱起霖笔述《印度刑律二卷》到2023年120年间,约有138部刑法(典)译作在国内出版。总体上讲,我国翻译和引介外国刑法(典)的历史大致划分为四个时期。

第一个时期是清末民初时期。清政府决定变法修律后,先于1904年设立了修订法律馆,后于1905年设立了考察政治馆。在考察西方国家主要是大陆法系国家法律的基础上,作出了变法要效法日本法律制度的抉择。之所以如此,正如时任清廷修律大臣沈家本所言:日本旧时制度,唐法为多。明治以后,采用欧法,不数十年,遂为强国,是岂徒慕欧法之形式而能若是哉?其君臣上下,同心同德,发愤为雄,不惜财力以编译西人之书,以研究西人之学,弃去糟粕而撷其英华,举全国之精神,胥贯注于法律之内,故国势日张,非偶然也。[①] 故在 1904 年与 1905 年出版的 10 部刑法(典)译作中,日本不同版本的刑法占了 7 部;至 1911 年辛亥革命前夕,以单行本、法规大全等形式出版的 37 部刑法(典)译作中,有关日本刑法的有 17 部。

第二个时期是辛亥革命胜利至新中国成立时期。辛亥革命虽然推翻了清王朝,但是清末修法的影响得以延续,尤其是在刑法方面,民国政府决定:晚清政府仿效大陆法系国家刑法制定并于 1911 年正式公布的"《大清新刑律》除与民国国体抵触各条应失效力外,余均暂行援用",故而更名为《中华民国暂行新刑律》。之后,又聘请日本学者参与并参照欧陆日本刑事立法,尤其是德国、日本刑法,相继制定了 2 部《中华民国刑法》。与此同时,在革命根据地,苏联法律发挥了重要影响。[②] 这一时期翻译出版的 7 部刑法(典)译作中,2 部为德国刑法、3 部为苏联刑法。

第三个时期是新中国成立至改革开放时期。新中国成立之后,苏联立法成为新中国借鉴的立法样本,正如日本学者铃木贤所言:"对于极其缺乏对西方法律研究积累的当时的中国而言,苏联法成为唯一的参考对象。"[③]因此,在 1949 年至 1979 年之间翻译出版的 9 部刑法(典)译作中,有 3 部是苏联刑法;其余除 1957 年法律出版社出版的《印度刑法典》外,都为前苏联国家的刑法。需要指出的是,受国内形势影响,在 1962 年至 1979 年之间,并无外国刑法(典)译作出版。

第四个时期是改革开放至新时代时期。这一时期又可分为两个阶段。第一个阶段是 20 世纪 80 年代到 90 年代。在这段时期,虽然更多国家的刑法(典)被翻译进来,而且出现了英美法系国家的刑法(典)译本,但主要还是以大

---

① 参见沈家本:《新译法规大全序》,载沈家本撰:《历代刑法考》(四),邓经元、骈宇骞点校,中华书局 1985 年版,第 2242 页。

② 参见范忠信、叶峰:《中国法律近代化与大陆法系的影响》,载《河南省政法管理干部学院学报》2003 年第 1 期。

③ 王志华:《苏联法影响中国法的几点思考》,载《华东政法大学学报》2008 年第 1 期。

陆法系国家刑法的译本为主。据不完全统计,在 1980 年至 2000 年之间翻译出版的 14 部刑法(典)译作中,绝大多数为德国、日本、韩国等属于大陆法系国家或地区的刑法,英美法系国家的刑法仅有 1998 年四川大学出版社出版的《印度刑法典》与 1999 年中国政法大学出版社出版的《加拿大刑事法典》。第二阶段为 2000 年之后。在这一阶段,随着改革开放的深入与法治进程的推进,刑法(典)翻译真正实现了百花齐放。截至 2020 年出版的近 70 部刑法(典)译作中,几乎囊括了各大法系、各大陆主要国家的刑法。

近 10 余年来,许多国家因应新的社会治理要求,频繁修改刑事立法。例如,德国从 1998 年起对其刑法进行了 100 余次修订,仅在 2021 年就修订了 8 次,对有关互联网犯罪、强迫卖淫罪以及儿童性犯罪的条款进行了大幅修订。自 2011 年以来,日本也 10 余次修订刑法,增设了部分缓刑制度,大幅修订性犯罪立法,并对照民法等前置法的修订,调整了相关刑法条文。我国进入 21 世纪以来,为适应经济社会发展变化和预防惩治犯罪的新情况和新需要,不断修改完善刑事法律。尤其是 2013 年 9 月和 10 月,习近平总书记分别提出了建设“丝绸之路经济带”和“21 世纪海上丝绸之路”的合作倡议。截至 2023 年 1 月 6 日,中国已经与 151 个国家和 32 个国际组织,签署了 200 余份共建“一带一路”合作文件。① 中国企业“走出去”面临诸多法律风险,如何应对有些国家借“长臂管辖”等之名,对我国企业进行打压,规避可能发生的刑事法律风险,已经成为中国企业走出国门、保护自身合法权益必须重视的问题。

有鉴于此,北京师范大学刑事法律科学研究院充分发挥本院的专业化和国际化优势,法律出版社充分发挥多语种出版优势,共同设立“外国刑法典译丛”项目,全面系统翻译各主要国家的刑法(典)。首批遴选德国、日本、英国、美国等两大法系代表性国家,新加坡、哈萨克斯坦、俄罗斯等“一带一路”国家以及希腊、墨西哥、芬兰等经济合作与发展组织(OECD)国家的 40 余部最新刑法(典),组织精通英语、法语、德语、日语、俄语等语种的专业人士分批翻译出版。

---

① 参见中国一带一路网,https://www.yidaiyilu.gov.cn/xwzx/roll/77298.htm,2023 年 2 月 10 日访问。

本译丛编审委员会由国内著名刑法学专家组成，特邀请人民教育家、国际刑法学协会名誉副主席暨中国分会名誉主席、中国刑法学研究会名誉会长、中国人民大学荣誉一级教授高铭暄先生担任译丛学术总顾问，最高人民法院大法官、中国法学会案例法学研究会会长胡云腾教授担任总主编，北京师范大学刑事法律科学研究院副院长兼安徽师范大学法学院院长周振杰教授与法律出版社副总编辑张雪纯先生担任编辑委员会主任。希望“外国刑法典译丛”能成为广大读者学习、研究、借鉴域外刑事法律的重要帮手，进而成为推动中国涉外刑事法治建设的外法资源。当然，由于经验不足，水平有限，书中定有不足不妥之处，尚请各位同人批评指正。

编辑委员会

2023 年 3 月 2 日

# 土库曼斯坦·法律

## 《关于对〈土库曼斯坦刑法典〉进行修改与补充及对其最新文本予以批准的法令》

**第一条** 对经1997年6月12日土库曼斯坦法令批准,2010年5月10日土库曼斯坦法令通过的现行《土库曼斯坦刑法典》文本进行修改和补充(《土库曼斯坦议会公报》2010年第2期第28条、第4期第72条;2011年第1期第20条、第3期第55条;2012年第3期第66条;2013年第4期第77条;2014年第1期第44条、第2期第77条、第4期第145条;2015年第1期第9条、第4期第144条;2016年第2期第98条、第4期第163条;2017年第1期第29条、第2期第75条、第3期第106条、第4期第167条;2018年第2期第35条;2019年第2期第27条、第4期第88条;2020年第3期第36条及《土库曼斯坦国民议会公报》2021年第4期第131条),并对本法后随附的该法典最新文本予以批准。

**第二条** 本法典自2023年1月1日起产生效力。

土库曼斯坦总统

谢尔达尔·别尔德穆哈梅多夫

2022年4月17日

阿什哈巴德市

# 目　　录

## 总　　则

## 分　则

# 总　　则

# 第一编　土库曼斯坦的刑事立法

## 第一章　刑事立法的任务与原则

**第一条　土库曼斯坦的刑事立法**

一、土库曼斯坦的刑事立法以《土库曼斯坦宪法》、国际法公认的原则与准则为基础，并由本法典构成。

二、其他规定了刑事责任的法律，仅在归列于本法典之后才可以适用。

**第二条　刑事立法的任务**

一、土库曼斯坦刑事立法的任务为保护人与公民的权利、自由与合法利益、财产所有权、公共秩序与安全、生态环境，以及独立自主、宪政秩序与领土完整，以及土库曼斯坦国家中立地位、法律保护的社会利益与国家利益、人类的和平与安全免予犯罪侵害，以及预防犯罪。

二、为实现上述诸项任务，土库曼斯坦的刑事立法规定了刑事责任的基础与原则，确定何种社会性危害行为是犯罪，以及对实施这些犯罪的刑罚及其他具有刑事法律效果的措施予以明确。

**第三条　刑事立法的基本原则**

一、土库曼斯坦的刑事立法以合法性原则、人与公民在法律面前平等原则、过错责任原则、公正与人道主义原则为基础。

二、行为的成罪性、应受刑罚性及其他刑事法律后果由本法典予以确定。在刑事立法中不得适用法理类推或者法律类推。

三、行为人仅对由其过错导致危害结果的相应行为（作为或者不作为）承担刑事责任。不得对无过错致害行为追究刑事责任。

四、任何人,在其是否在犯罪实施中具有过错的问题尚未被依法证明并由法院生效的刑事判决予以确定之前,不得被认定为在犯罪实施中具有过错并被判处刑罚。

任何人都没有责任证明自己具有过错。

对过错产生怀疑且无法消除的,审理时应有利于被告。

五、实施犯罪的行为人,法律面前地位平等并应承担刑事责任,不计其国籍、肤色、性别、出身、财产状况与职务身份、居住地点、语言、宗教信仰、政治信仰或者其他状况。

六、应对犯罪人适用的刑罚及其他具有刑事法律效果的措施必须公正,应当严格符合犯罪的严重程度、其实施犯罪的情节及犯罪人的人身特性。

七、对犯罪人适用刑罚及其他具有刑事法律效果的措施,不得以造成身体痛苦或者人格侮辱为目的。

八、任何人不得因同一犯罪再次受到刑事追诉与处罚。

**第四条　刑事责任的基础**

实施包含本法典规定的某一犯罪全部犯罪构成特征的行为,是承担刑事责任的基础。

## 第二章　刑法的时间效力与空间效力

**第五条　刑法在时间上的效力**

一、行为的成罪性与应受刑罚性由该行为实施时具有效力的法律确定。

二、刑法规定的社会性危害行为(作为或者不作为),不计危害后果产生时间,其实施时间应认定为犯罪实施时间。

**第六条　刑法追溯既往的效力**

一、免除刑事责任、减轻刑罚或者以其他方式改善犯罪人处遇的法律具有追溯既往的效力,即该法效力及于其生效前实施相应行为的人员,包括正在履行刑罚或者已经履行刑罚但是负有前科的人员。确定行为成罪性、加重刑罚或者以其他方式降低行为人处遇的法律，不具有追溯既往的效力。

二、行为人正在履行刑罚，如果新制定的法律减轻了其应当承受的刑罚，则应当依据新法规定的限度对之前被判处的刑罚予以减轻。

**第七条　刑法对土库曼斯坦境内犯罪实施者的效力**

一、行为人在土库曼斯坦境内实施犯罪的，应当根据本法典的规定承担责任。

二、在土库曼斯坦境内的水域、领海或者领空内实施的犯罪，应当认定为在土库曼斯坦境内实施犯罪。本法典效力及于在土库曼斯坦大陆架与海洋专属经济区实施的犯罪。

三、行为人在土库曼斯坦港口登记且处于土库曼斯坦境外水域或者领空的船只上实施犯罪的，如果土库曼斯坦缔结加入的国际条约对此未作其他规定，应当根据本法典规定承担刑事责任。

四、在二个或者多个国家领域内实施犯罪时，如果该犯罪是在土库曼斯坦领域内结束或者被制止的，应当依据本法典的规定承担责任。

五、有关其他国家的外交代表与其他享有豁免权的人员承担刑事责任的问题，在上述人员在土库曼斯坦领域内实施犯罪的情况下，依据国际法规范与土库曼斯坦缔结加入的国际条约处理。

**第八条　刑法对土库曼斯坦境外犯罪实施者的效力**

一、土库曼斯坦公民及常居于土库曼斯坦的无国籍者在土库曼斯坦境外实施土库曼斯坦刑法规定的犯罪的，应当依据土库曼斯坦刑法规定的条文承担刑事责任。如果在其实施犯罪的国家境内，该国刑法对该犯罪规定了刑事责任，且如果上述人员未在国外被审判，这种情况下，不得对其判处超过犯罪实施地现行刑法规定的最高刑罚限度。

二、外国公民及不经常居住于土库曼斯坦境内的无国籍者在土库曼斯坦境外实施犯罪的，在下列情况下应当依据本法典的规定承担刑事责任。如果该犯罪旨在侵害土库曼斯坦或者其公民，以及在土库曼斯坦缔结加入的国际条约中对该犯罪予以规定，如果上述人员未在其他国家被判处刑罚且未在土库曼斯坦境内被追究刑事责任。

**第九条　犯罪人引渡**

一、土库曼斯坦公民，在其他国家领域内实施犯罪的，不应当被引渡到该国。

二、外国公民与无国籍者，在土库曼斯坦境外实施犯罪且身处土库曼斯坦境内的，可以依据土库曼斯坦缔结加入的国际条约将其引渡到外国以便追究刑事责任或者履行刑罚。

# 第二编　犯　　罪

## 第三章　犯罪概念、犯罪类别与犯罪形态

**第十条　犯罪概念**

实施具有过错的社会性危害行为(作为或者不作为),导致刑法所保护的客体遭受侵害或者造成侵害的危险的,应当认定为犯罪。

**第十一条　犯罪类别**

一、根据本法典规定,行为的严重程度与过错形式,可以划分为轻度犯罪*、中度犯罪**、重度犯罪***或者极其重度犯罪****。

二、故意与过失行为,刑法规定实施该行为的最高刑罚期限为二年以下剥夺自由刑的,应当认定为轻度犯罪。

三、故意与过失行为,刑法规定实施该行为的最高刑罚期限为八年以下剥夺自由刑的,应当认定为中度犯罪。

四、故意与过失行为,刑法规定实施该行为的最高刑罚期限为十五年以下剥夺自由刑的,应当认定为重度犯罪。

五、故意犯罪,刑法规定实施该行为的刑罚期限为二十五年以下剥夺自由刑的,应当认定为极其重度犯罪。

---

* 原文为"对社会危害不大的犯罪",简译为"轻度犯罪"。——译者注

** 原文为"较轻的犯罪",简译为"中度犯罪"。——译者注

*** 原文为"严重的犯罪",简译为"重度犯罪"。——译者注

**** 原文为"特别严重的犯罪",简译为"极其重度犯罪"。——译者注

**第十二条 已完成和未完成的犯罪**

一、如果行为人实施的行为中包含了本法典规定的犯罪构成的全部特征，应当认定为已完成的犯罪。

二、预备犯罪或者未遂犯罪，应当认定为未完成的犯罪。

三、预备犯罪或者未遂犯罪的刑事责任，依据本法典针对完成犯罪所规定的同一条文，援引本法典第十三条与第十四条的规定承担。

**第十三条 预备犯罪**

一、寻找、制造或者配置设备与工具，谋划实施犯罪，抑或其他为实施犯罪故意创造条件的，这种情况下，如果犯罪因行为人无法控制的情势而未能实施终了，应当认定为预备犯罪。

二、仅在预备实施中度犯罪、重度犯罪以及极其重度犯罪时，行为人才应当承担刑事责任。

**第十四条 犯罪未遂**

故意的作为或者不作为，直接指向犯罪实施，但犯罪在这种情况下因行为人无法控制的情势而未能实施终了的，应当认定为犯罪未遂。

**第十五条 连续犯罪与持续犯罪**

一、某一行为的特征被本法典某一条文或者某一条款所规定，且在不确定的时间内保持实施状态的，应当认定为连续犯罪。

实行行为终止或者阻碍其继续实施的情势出现时，应当认定为连续犯罪实施完结。

二、某一行为的特征被本法典某一条文或者某一条款所规定，并由二起或者多起基于同一意图或者具有共同目的的相同行为组成的，应当认定为持续犯罪。

自最后一起犯罪行为实施终结之时起，应当认定为持续犯罪实施完结。

**第十六条 再次犯罪**

一、实施本法典分则某一条文或者某一条款规定的二起或者多起犯罪行为的，应当认定为再次犯罪。实施本法典不同条文规定的二起或者多起犯罪行为，仅在本法典分则专门作出规定的情况下，可以认定其再犯性。

二、如果行为人因曾经实施的犯罪被免除刑事责任或者刑罚，抑或其所负前科依据法律规定的程序被撤销或者取消的，不应当认定为再次犯罪。

**第十七条　总合数罪**

一、实施本法典不同条文或者不同条款规定的二起或者多起行为，未因其中任何一起行为被判处刑罚的，应当认定为总合数罪。

二、当行为人实施本法典二个条文或者多个条文规定的一起行为时，也应当认定为总合数罪。

三、如果基本规范与特别规范对该犯罪都予以规定，不应当认定为总合数罪，其刑事责任根据特别规范予以确定。

四、在具有总合数罪的情节时，行为人根据本法典相应条文或者相应条款的规定，对所实施的每一起犯罪承担相应的责任。

**第十八条　累次犯罪**

一、此前因实施故意犯罪背负前科的行为人实施的故意犯罪，应当认定为累次犯罪。

二、具有下列情节之一的，应当认定为危险的累次犯罪：

（一）行为人此前两次因实施故意犯罪被判处剥夺自由刑后再次实施故意犯罪的；

（二）行为人此前因故意实施重度犯罪或者极其重度犯罪被判处刑罚后再次故意实施重度犯罪的。

三、具有下列情节之一的，应当认定为极其危险的累次犯罪：

（一）行为人实施故意犯罪因此被判处剥夺自由刑的，如果该行为人此前三次或者三次以上因实施故意的中度犯罪或者重度犯罪被判处过剥夺自由刑；

（二）行为人实施极其重度犯罪的，如果此前曾因实施极其重度犯罪被判处刑罚。

四、十八周岁以下实施犯罪负有前科的，以及依据本法典第八十条规定撤销或者取消前科的，在认定累次犯罪时不作考量。

# 第四章 应当承担刑事责任的人员

**第十九条 承担刑事责任的一般条件与年龄**

一、达到本法典规定年龄并具有责任能力的自然人应当承担刑事责任。

二、实施犯罪时已满十六周岁的人员应当承担刑事责任。

三、行为人,实施犯罪时年满十四周岁未满十六周岁的,应当承担故意杀人罪(第一百零一条),故意导致他人身体健康遭受重度伤害罪(第一百零七条),强奸罪(第一百三十二条),鸡奸罪(第一百三十三条第四款),盗窃罪(第二百四十七条),抢夺罪(第二百五十一条),抢劫罪(第二百五十二条),敲诈勒索罪(第二百五十三条),非法占有他人交通工具罪(第二百五十五条),故意损毁或者损坏财产罪(第二百五十六条第二款),盗窃或者勒索放射性材料或者核材料罪(第三百二十条),盗窃或者勒索武器、弹药、爆炸物和爆炸装置罪(第三百二十六条),以出售为目的非法制造、加工、获取、储存、运输、邮寄麻醉药品、精神药物或者其前体*罪(第三百二十七条),盗窃或者勒索麻醉药品、精神药物或者其前体罪(第三百二十九条)的刑事责任。

**第二十条 刑事责任能力与无刑事责任能力**

一、行为人实施犯罪时能够意识到自身行为(作为或者不作为)的性质与意义并能进行支配的,应当认定为具有刑事能力。

二、行为人在实施刑法规定行为时,无法意识到自身行为(作为或者不作为)的性质与意义,无法意识到其社会危害性,抑或鉴于罹患精神疾病、暂时性精神障碍或者痴呆性疾病而无法对其行为进行支配的,不应当承担刑事责任。

行为人在无刑事责任能力状态下实施刑法规定行为的,法院可依法对其判处本法典规定的医疗性强制措施。

**第二十一条 有刑事责任能力的人员在精神发育迟滞状态下的刑事责任**

行为人在实施犯罪时具有刑事责任能力,但是鉴于精神发育迟滞或者处于

* 可用于制造该类物品的原材料或者原植物。——译者注

罹患精神疾病状态难以意识到自身行为(作为或者不作为)的性质与意义或者难以对其行为进行支配的,应当承担刑事责任。上述情节在裁定刑罚的种类与幅度时应当予以考量。

**第二十二条 行为人在醉酒状态下实施犯罪的刑事责任**

一、行为人因使用酒精、麻醉药品或者其他麻醉物质进而在醉酒状态下实施犯罪的,应当承担刑事责任。

二、醉酒原因、醉酒程度及其对犯罪实施的影响,在刑罚裁定时应当予以考量。

## 第五章 过 错

**第二十三条 过错及其形式**

一、过错,是指行为人对所实施的犯罪在意识与意志上表现出故意或者过失形式的心理态度。

二、行为人只有在故意或者过失实施社会性危害行为时,才可以被认定为在犯罪中具有过错。

三、过失行为,只在刑法直接予以规定的情况下才能认定为犯罪。

**第二十四条 故意犯罪**

一、直接故意或者间接故意实施社会性危害行为的,应当认定为故意犯罪。

二、行为人如果意识到其作为或者不作为的社会危害性,并且预见到会导致相应的社会性危害后果,仍旧希望其发生,抑或能够预见到该后果不可避免会出现,则应当认定为直接故意实施犯罪。

三、行为人如果意识到其作为或者不作为的社会危害性,并且预见到会导致相应的社会性危害后果,尽管不希望其发生,但是有意允许该后果出现或者对其持漠视态度,则应当认定为间接故意实施犯罪。

**第二十五条 过失犯罪**

一、过于自信或者疏忽大意实施社会性危害行为导致社会危害性后果发生的,应当认定为过失实施犯罪。

二、行为人如果意识到其作为或者不作为的社会危害性，预见到可能出现的社会性危害后果，但是轻率地认为可以避免的，应当认定为过于自信实施犯罪。

三、行为人如果未意识到其行为（作为或者不作为）的社会危害性，未能预见社会性危害后果发生的可能性，尽管在给予必要的注意与预见的情况下可以预见或者具有预见的可能性，应当认定为疏忽大意实施犯罪。

**第二十六条　故意与过失结合（双重过错形式）情况下实施犯罪的刑事责任**

一、双重过错形式的特征是故意实施犯罪，但对该犯罪产生的后果具有过失。这种犯罪一般认定为实施故意犯罪。

二、对于实施故意犯罪而产生的后果，如果法律对其规定了更为严厉的刑罚，则仅在下列情况下应当承担该后果的刑事责任：行为人未能预见，但是应当预见且能够预见产生该后果的可能性，或者行为人预见到该后果产生的可能性，但是轻信能够避免。

**第二十七条　无过错致害（偶然事件）**

一、行为人如果未能意识到自身行为（作为或者不作为）的社会危害性或者未能预见社会性危害后果发生的可能性，且根据案件情节不具有可能性或者无法预见的，应当认定为无过错行为。

二、如果行为人实施了犯罪，尽管应当预见到社会性危害后果产生的可能性，但是鉴于其生理心理素质与极端条件或者精神心理负载不相符而未能预见的，同样认定为无过错行为。

**第二十八条　法律错误与事实错误**

一、行为人在实施刑法规定的行为时，如果未能意识到且根据案件情节也无法意识到其违法性，不应当承担刑事责任。

二、行为人在实施刑法规定行为时，如果对与该犯罪构成有关的事实情节产生善意误解，则不应当承担故意实施该行为的刑事责任。

三、如果法律对明确的事实情节规定了更为严厉的刑罚，但行为人实施犯罪时对这些情节持有善意误解的，则不应当承担更为严厉的刑事责任。

# 第六章 共同犯罪

**第二十九条 共同犯罪的概念**

二人或者多人共同故意参与实施故意犯罪的,应当认定为共同犯罪。

**第三十条 共同犯罪人的类别**

一、组织犯、教唆犯与胁从犯同实行犯一样被认定为共同犯罪人。

二、行为人直接实施犯罪抑或伙同其他人员(共同实行犯)直接参与实施犯罪,以及通过利用其他依据法律规定不需要承担刑事责任的人员实施犯罪的,应当认定为实行犯。

三、行为人组织或者指挥实施犯罪,以及为实施犯罪建立抑或指挥有组织团伙或者犯罪集团的,应当认定为组织犯。

四、行为人通过诱使、贿赂、威胁或者其他方法怂恿他人实施犯罪的,应当认定为教唆犯。

五、行为人通过怂恿、指使、提供犯罪信息、工具或者物品抑或消除障碍,以及事先承诺藏匿犯罪人、武器或者其他犯罪工具、犯罪痕迹抑或犯罪所得物品,以及以事先承诺购买或者出售该类物品的手段协助实施犯罪的,应当认定为共犯。

**第三十一条 事先通谋的犯罪团伙、有组织犯罪团伙或者犯罪集团实施的犯罪**

一、如果二个或者二个以上的人员事先约定共同实施犯罪,则应当认定为事先通谋的犯罪团伙实施的犯罪。

二、如果犯罪是由事先为实施一起或者多起犯罪联合的、固定的犯罪团伙实施,则应当认定为有组织犯罪团伙实施的犯罪。

三、如果犯罪是由为实施重度犯罪与极其重度犯罪的目的而预先创建的稳定、团结、统一管理的组织中的人员实施,应当认定为犯罪集团实施的犯罪。

四、组织犯罪集团抑或领导犯罪集团的行为人应当对组织或者领导犯罪集团,以及犯罪集团所有基于其意图实施的犯罪承担刑事责任。犯罪集团的其他成员，应当对自身参与实施的犯罪或者参与的犯罪预备承担刑事责任。

五、事先通谋的犯罪团伙、有组织犯罪团伙或者犯罪集团，在本法典规定的根据与范围内处以更为严厉的刑罚。

**第三十二条　共同犯罪人的刑事责任**

一、共同犯罪人的刑事责任依据每个参与者在犯罪实施中的参与程度与性质确定。

二、共同实行犯依据本法典同一条文对共同实施的犯罪承担刑事责任。

三、组织犯、教唆犯和胁从犯的刑事责任，依据本法典分则对实行犯规定的相应条文并援引本法典第三十条的规定承担。

四、犯罪因实行犯无法控制的情况未能实施终了的，其他共同犯罪人承担共同参与犯罪预备与犯罪未遂的刑事责任。

**第三十三条　实行犯过限行为**

实行犯实施超出其他共同犯罪人意图的犯罪的，应当认定为实行犯过限行为。其他共同犯罪人不承担实行犯过限行为的刑事责任。

## 第七章　排除行为成罪性情节

**第三十四条　必要防卫**

一、通过使用任何可以伤害侵害人的手段保护防卫人、他人、社会与国家的人身、权利与法律利益的，如果侵害人使用危及防卫人或者其他人生命的暴力手段进行攻击，抑或直接以要挟使用该暴力手段，不应当认定为犯罪而应当认定为合法行为。

二、对未使用暴力手段以及未危及防卫人或者他人生命的手段实施的防卫行为，抑或针对以要挟使用该暴力为手段实施的攻击作出防卫的行为，如果该防卫未超出必要限度，应当认定为合法行为，即未实施与侵害性质或者危险性明显不相符的故意行为。

三、人人享有必要防卫权，无论其是否有能力躲避攻击抑或向他人或者权力机关寻求救助。

**第三十五条 拘捕犯罪实施者时对其造成伤害**

一、对犯罪实施者进行拘捕以将其送往权力机关并防止其可能实施新的犯罪时,如果该犯罪人进行抵抗,且采用其他手段无法对其进行拘捕,在不超过对此规定的必要措施限度下对其造成伤害的,不应当认定为犯罪。

二、对犯罪实施者进行拘捕时采取的必要措施超过限度,是指与被拘捕者实施的行为性质、危害性,以及拘捕情节明显不相符,在不需要明显施加过度伤害、不会引发危害状况的情况下,应当认定为拘捕犯罪实施者的必要措施超过限度。该过限行为仅在故意致害的情况下应当承担刑事责任。

**第三十六条 紧急避险**

一、在紧急避险情况下,即为消除直接威胁本人或者他人生命、健康、权利与合法利益、社会或者国家利益的危险时造成合法利益遭受侵害,如果这种危险在该情况下无法采取其他手段消除,且这种情况下没有超出紧急避险的限度的,不应当认定为犯罪。

二、紧急避险造成的损害与所受危险的性质、程度及消除危险的情节明显不相符,在合法利益遭受的损害明显大于可预防的损害时,应当认定为紧急避险过限。紧急避险过限仅在故意致害的情况下承担刑事责任。

**第三十七条 身体强制与心理强制**

一、行为人因身体强制或者心理强制实施导致合法利益遭受侵害的行为(作为或者不作为)的,如果因该种强制导致行为人无法控制自身行为,不应当认定为犯罪。

二、在其他情况下,有关因身体强制或者心理强制导致合法利益遭受侵害的刑事责任问题,应当参考本法典第三十六条规定处理。

**第三十八条 合理风险**

一、为实现有益于社会的目的,在客观的合理风险下导致合法利益遭受侵害的,不应当认定为犯罪。

二、如果既定目标无法通过非风险行为实现,且承担风险的行为人已经采取必要措施预防合法利益遭受侵害的,应当认定为合理风险。

三、如果明知风险会对人的健康或者生命以及生态环境造成危险,或者导致产生社会灾难的危险，不应当认定为合理风险。

**第三十九条　执行命令**

一、行为人在执行强制性的命令或者其他依据法定程序及遵守适当程序对其下达的指令时造成合法利益遭受侵害的，不应当认定为犯罪。

二、因执行非法命令或者其他指令造成合法利益遭受侵害的，如果行为人未能意识到其非法性，应当排除刑事责任。在这种情况下，对执行非法命令或者指令而实施的行为，由下达该命令或者指令的人员承担刑事责任。

三、明知是实施犯罪的命令或者其他相关指令而执行的，应当承担刑事责任，但是可以认定为减轻刑罚的情节。

四、对明知是非法的或者犯罪的命令或者其他相关指令而不予执行的，不应当承担刑事责任。

# 第三编　刑　　罚

## 第八章　刑罚的概念、目的与种类

**第四十条　刑罚的概念和目的**

一、刑罚是对实施犯罪的惩罚。作为国家强制性措施，依据法院刑事判决判处的刑罚，适用于被认定在犯罪实施中具有过错的行为人，包括依据本法典规定剥夺或者限制该行为人的权利与自由。

二、刑罚适用的目的在于恢复社会正义，以及矫正被处刑人员，包括预防被处刑人员或者其他人员实施新的犯罪。

**第四十一条　刑罚的种类**

一、刑罚包括下列类别：

（一）对所致损害担负赔偿责任刑；

（二）罚金刑；

（三）剥夺担任一定职务或者从事一定活动权利刑；

（四）剥夺国家奖励、特殊奖励、军衔与职衔刑；

（五）义务劳动刑；

（六）矫正劳动刑；

（七）在指定区域履行居住责任刑；

（八）没收财产刑；

（九）限制自由刑；

（十）剥夺自由刑。

二、对军职人员可以适用限制军役刑与军事惩戒营禁闭刑。

**第四十二条　基础刑与附加刑**

一、罚金刑、义务劳动刑、矫正劳动刑、限制自由刑、剥夺自由刑、限制军役刑、军事惩戒营禁闭刑仅可作为基础刑适用。

二、对所致损害担负赔偿责任刑、剥夺担任一定职务或者从事一定活动权利刑、在指定区域履行居住责任刑,既可以作为基础刑罚适用,也可以作为附加刑罚适用。

三、剥夺国家奖励、特殊奖励、军衔与职衔刑以及没收财产刑仅可作为附加刑罚适用。

**第四十三条　对所致损害担负赔偿责任刑**

一、担负赔偿责任包括直接消除所致损害、赔偿物质与精神损失及公开向刑事被害人道歉。

二、当法院考量损害性质、补偿损害是否具有现实可能性及犯罪人的人身特性,认定其有能力消除所致损害的,可以判处对所致损害担负赔偿责任刑类的刑罚。

三、如果被处刑人员逃避履行对所致损害应予赔偿的责任,法院可以在本法典分则条文规定的限度内将该刑罚变更为行为人应当履行的罚金刑或者矫正劳动刑。上述刑罚在相应条文的制裁性规定中未作规定的,则依据本法典第四十四条与第四十八条的规定在最低数额内予以判处。

**第四十四条　罚金刑**

一、罚金刑,是指裁定刑罚时,在本法典规定限度内依据土库曼斯坦立法规定的基数值标准判处对应金额的钱款类刑罚。

二、罚金刑,在五倍以上二百五十倍以下基数值标准内确定。

三、罚金刑数额,由法院参考被处刑人员所犯罪行的严重程度及其家庭的财产状况加以确定。

四、故意逃避缴纳法院作为基础刑罚判处的罚金刑时,法院可将罚金刑变更为本法典分则相应条文或者相应条款中规定的刑罚。

**第四十五条　剥夺担任一定职务或者从事一定活动权利刑**

一、剥夺担任一定职务或者从事一定活动权利刑，包括禁止在国家公务机关、地方自治机关、任何所有制形式的企业或者社会团体中担任职务，或者从事一定职业活动或者其他活动。

二、剥夺担任一定职务或者从事一定活动权利刑，作为基础刑罚适用时，应当在一年以上五年以下的期限内确定；作为附加刑罚适用时，应当在一年以上三年以下的期限内确定。

三、剥夺担任一定职务或者从事一定活动权利刑，在未被规定为相应犯罪的法定刑罚时，如果参考犯罪人所犯罪行的性质及其人身特性的相关材料后，法院认定不具有保留其担任某一职务或者从事某一职业活动或者其他活动的可能，可以作为附加刑罚判处。

四、剥夺担任一定职务或者从事一定活动权利刑，在作为罚金刑与矫正劳动刑的附加刑判处时，或者在判处附条件提前释放时，其刑罚期限自刑事判决产生效力之时起开始计算。在该刑罚作为剥夺自由刑，或者军事惩戒营禁闭刑的附加刑判处时，其刑罚期限自履行基本刑罚之时起计算。

**第四十六条　剥夺国家奖励、特殊奖励、军衔与职衔刑**

一、具有军衔或者其他职衔的行为人，因实施重度犯罪或者极其重度犯罪被判处刑罚的，可以依据法院的刑事判决剥夺该军衔或者职衔。

二、被授予土库曼斯坦勋章、奖章及特殊奖励，或者拥有土库曼斯坦总统授予的荣誉称号、军衔或者其他职衔的行为人，因实施重度犯罪或者极其重度犯罪被判处刑罚的，法院在下达刑事判决时应对递交的有关犯罪人人身特性的材料予以考量后决定是否向土库曼斯坦总统递交关于剥夺被处刑人的勋章、奖章、特殊奖励、荣誉称号、军衔或者其他职衔问题的呈文。

**第四十七条　义务劳动刑**

一、义务劳动刑，是指被处刑人员在基本的工作时间或者学习时间之外，在其余空闲时间内从事无偿的社会公益工作。义务劳动刑的种类与履行刑罚的对象，由刑罚执行机关同地方权力执行机关或者地方自治机关协商确定。

二、义务劳动刑的期限为六十个小时以上四百八十个小时以下，且每天履行刑罚的时间不得超过四个小时。

三、在被处刑人员蓄意逃避履行义务劳动刑的情况下，根据刑罚执行监督机关的建议，法院可将未履行完毕的刑罚变更为剥夺自由刑。在这种情况下，剥夺自由刑的期限以义务劳动刑八个小时折抵剥夺自由刑一日的方式计算。

四、在法院下达的刑事判决生效时，义务劳动刑不得对丧失劳动能力的人员、未满十六周岁的人员、孕妇、尚须抚养三周岁以下子女的女性、达到退休年龄的人员、应征入伍的军职人员适用。

**第四十八条　矫正劳动刑**

一、矫正劳动刑的期限为二个月以上二年以下，依据法院刑事判决在被处刑人员工作地抑或被处刑人员居住区域的其他场所执行。在被判处矫正劳动刑人员的收入中扣除法院刑事判决所裁定的金额作为国家收入，扣除金额的限度在百分之五以上百分之二十以下。

二、矫正劳动刑不得适用于丧失劳动能力的人员、未满十六周岁的人员、孕妇、尚须抚养三周岁以下子女的女性、达到退休年龄的人员及军职人员。

三、在被处刑人员蓄意逃避履行矫正劳动刑的情况下，法院依据刑罚执行机关与刑罚执行监督机关的共同建议，可将矫正劳动刑未执行完毕的刑罚期限变更为剥夺自由刑的相应刑罚期限，以矫正劳动刑三日折抵剥夺自由刑一日的方法计算。

**第四十九条　在指定区域履行居住责任刑**

一、在指定区域履行居住责任刑，是将被处刑人员从其居住地点强制迁移到指定区域居住的刑罚。

二、在指定区域履行居住责任刑，作为基础刑适用时的期限为五年以上十年以下，作为附加刑适用时的期限为一年以上三年以下。

三、在指定区域履行居住责任刑，不得适用于犯罪实施时未满十八周岁的人员，以及一级或者二级残障人员、达到退休年龄的人员、孕妇及尚须抚养八周岁以下子女的女性。

四、在被处刑人员蓄意逃避履行在指定区域履行居住责任刑并为此目的离开强制居住地点的情况下，法院依据刑罚执行机关与刑罚执行监督机关的共同建议,有权自行下达裁定将刑罚变更为剥夺自由刑并将该行为人移送矫正所执行刑罚。此时,在强制居住地点停留的时间应当计入剥夺自由刑的刑罚期限,以在指定区域履行居住责任刑一日折抵剥夺自由刑一日。为逃避履行刑罚而离开强制居住地的时间不计入在指定区域履行居住责任刑的期限。

五、被判处在指定区域履行居住责任刑的被处刑人员又实施犯罪的,法院应当依据本法典第六十三条规定的罚则对其判处刑罚。

**第五十条　没收财产刑**

一、没收财产刑,是指强制性地将被处刑人员所有的财产,包括通过非法手段获取的财产或者与其价值相等(等价)的财产无偿收归国家所有。

二、没收财产刑,适用于贪利目的中度犯罪、重度犯罪与极其重度犯罪,且仅在刑事立法*具有明确规定的情况下才可以判处。

三、不应当没收本法典所附清单中列入的被处刑人员及受其抚养人员的财产。

**第五十一条　限制自由刑**

一、限制自由刑,是指法院对被处刑人员裁定承担一定责任并在其居住地点由刑罚执行机关监督履行,且期限为一年以上五年以下不脱离社会但限制人身自由的刑罚。在将限制自由刑变更为其他刑罚的情况下,可以在一年以下期限内裁定刑罚期限。

在判处限制自由刑类别的刑罚时,法院可以裁定由被处刑人员履行下列责任:在未告知刑罚执行机关的情况下,不得变更固定的居住、工作与学习地点,不得涉足特定场所,在学习与工作之余不得离开固定居住地点。未经刑罚执行机关允许,不得前往其他地区。法院可以裁定履行限制自由刑的被处刑人员接受酒精癔癖、精神药物依赖性毒瘾、性传播疾病的治疗,以及为家庭提供物质支持及其他有助于其矫正的责任。

二、被判处限制自由刑的被处刑人员蓄意逃避履行刑罚的,法院可将未履行的限制自由刑变更为同等期限的剥夺自由刑。在这种情况下,刑罚以限制自

---

* 此处原文为“刑事立法”,鉴于可能存在其他相关刑事立法原则,因此遵从原意。——译者注

由刑一日折抵剥夺自由刑一日的方式裁定。

三、限制自由刑不得适用于因实施重度犯罪及极其重度犯罪而背负前科的人员、军职人员以及无固定居住地点的人员。

四、在限制自由刑履行期间,根据对被处刑人员的行为实施监督机关所提供的建议,法院可以全部或者部分撤销此前对被处刑人员规定的义务。

**第五十二条　剥夺自由刑**

一、剥夺自由刑,是指将被处刑人员安置到矫正机构或者监狱而使其隔离的刑罚。

二、剥夺自由刑的期限为六个月以上十五年以下。对于极其重度的犯罪,剥夺自由刑罚期限为二十五年以下。

三、在对总合数罪或者总合刑事判决裁定刑罚时,部分或者全部剥夺自由刑的刑罚期限需要合并的,剥夺自由刑的最高期限不得超过十五年,极其重度犯罪的期限不得超过二十五年。

**第五十三条　限制军役刑**

一、限制军役刑,即在本法典规定条件下,对被判处刑罚的现役军官,以及根据义务履行军役的军职人员判处期限为二个月以上二年以下的刑罚。以及在法院对案件情节与被处刑人员的人身特性予以考量后,发现将不超过二年期限的剥夺自由刑变更为同等期限的限制军役刑更为妥当时对其判处该刑罚。

二、从被判处限制军役刑的被处刑人员军饷中,应扣除法院刑事判决在百分之五以上百分之二十以下限度内裁定的金额并将其作为国家收入。在履行限制军役刑罚期限内,被处刑人员不得晋升职务、军衔,刑罚时间不计入其按序晋升军衔与计算养老金时的服役年限。

**第五十四条　军事惩戒营禁闭刑**

一、军事惩戒营禁闭刑,是指在刑法规定条件下,对根据义务履行军役、实施犯罪的军职人员,判处为期三个月以上二年以下期限的刑罚。考虑到犯罪性质与犯罪人的人身特性,可以将不超过二年期限的剥夺自由刑变更为将被处刑人员关押到军事惩戒营。

二、在剥夺自由刑变更为军事惩戒营禁闭刑的情况下,关押部分的期限以一日折抵一日的方法计算。

## 第九章　对刑罚种类与刑罚幅度的裁定

**第五十五条　刑罚裁定的基本根据**

一、法院对被认定在犯罪实施中具有过错的行为人,可以在本法典分则相应条文规定限度内,参考本法典总则的基本原则裁定刑罚。

二、较之本法典分则相应条文对该犯罪规定的更为严厉的刑罚,在总合数罪及总合刑事判决的情况下,其裁定根据依据本法典第六十二条和第六十三条规定确定。较之本法典分则对相应犯罪规定的更为轻缓的刑罚,其裁定根据依据本法典第五十八条规定确定。

三、在裁定刑罚种类与幅度时,应当参考犯罪性质与严重程度、犯罪目的与动机、犯罪后果、减轻与加重情节、犯罪人的人身特性,以及刑罚裁定对犯罪人再社会化及其家庭生活条件的影响。

四、对于实施犯罪的行为人,应当裁定公正、必要且足以使其改过自新的刑罚。

**第五十六条　减轻刑事责任的情节**

一、具有下列情节之一的,应当认定为减轻刑事责任的情节:

(一)初次实施轻度犯罪或者中度犯罪的;

(二)犯罪人为未成年人的;

(三)怀孕的;

(四)家庭子女较多或者尚须抚养年幼子女的;

(五)因困苦交织的生活状况而实施犯罪的;

(六)因受到敲诈、威胁、强制抑或因物质、公务或者其他从属关系的影响实施犯罪,以及在执行犯罪的或非法的命令或者指令的情况下的;

(七)刑事被害人因遭受暴力、严重侮辱或者其他不法行为引发强烈情绪波动而实施犯罪的;

(八)在违反必要防卫、拘捕犯罪人合法性条件的情况下,以及在紧急避险、合理风险的情况下实施犯罪的；

（九）因罹患精神疾病或者精神发育迟滞而实施犯罪的；

（十）刑事被害人行为的非法性或者不道德性是引发犯罪的原因的；

（十一）自首、积极协助揭露犯罪、揭发其他犯罪参与者、追查犯罪所得的；

（十二）实施犯罪后直接向刑事被害人提供医疗救助或者其他帮助，自愿赔偿或者消除犯罪导致的物质或者精神损害，以及实施旨在补偿刑事被害人所受损害的其他行为的。

二、实施本条第一款规定情节的行为，如果本法典分则相应条文就有关该犯罪的刑事责任作出规定，则该情节不得作为减轻刑事责任的情节再次考量。

三、裁定刑罚时，未在本条第一款中列明的情节也可以作为刑罚减轻情节予以考量。

四、在具有本条规定所列的减轻情节但无加重情节时，刑罚不得超过本法典相应条文对完成犯罪所规定的最严厉刑罚的四分之三。

**第五十七条　加重刑事责任的情节**

一、具有下列情节之一的，应当认定为加重刑事责任的情节：

（一）实施再次犯罪、累次犯罪、盗渔盗猎类犯罪的；

（二）犯罪造成严重后果的；

（三）二人或者多人无事先通谋实施犯罪的，事先通谋的犯罪团伙、有组织犯罪团伙或者犯罪集团实施犯罪的；

（四）特别积极地参与实施犯罪的；

（五）犯罪人故意怂恿明知罹患精神障碍性疾病或者处于醉酒状态，以及未满刑事责任年龄的人员实施犯罪的；

（六）基于政治、社会、民族、氏族等动机，以及基于肤色、宗教仇恨或者敌意而实施犯罪的；

（七）基于报复他人合法行为的动机，以及旨在掩盖其他犯罪或者减轻其所犯罪行的目的而实施犯罪的；

（八）犯罪人针对明知处于怀孕状态的女性，以及针对年幼、其他无自卫能力或者处于孤立无助状态的人员，抑或处于受犯罪人支配状态的人员实施犯罪的；

(九)对刑事被害人或者其近亲属以极其残忍、侮辱或者折磨的手段实施犯罪的；

(十)使用武器或者使用肢体暴力或者心理强制手段实施犯罪的；

(十一)利用紧急状态、自然灾害或者其他公共灾害的条件，以及在大规模群体骚乱时实施犯罪的；

(十二)针对履行公务、职务或者公共责任的人员，或者对其近亲属实施犯罪的；

(十三)以危害社会安全的方法实施犯罪的；

(十四)基于贪利目的实施犯罪的；

(十五)因毒品、酒精或者其他致瘾物质导致在醉酒状态下实施犯罪的。

二、实施本条第一款规定情节的行为，如果本法典分则相应条文就该罪的刑事责任作出规定，则该情节不得作为加重刑事责任情节再次考量。

三、裁定刑罚时，法院有权视案件情节不将其认定为本条第一款规定所列的加重情节。

四、裁定刑罚时，法院无权将本条第一款规定尚未列入的其他情节认定为加重情节。

**第五十八条　从轻判处刑罚的情节***

一、具有与行为目的与动机、犯罪人角色、其在犯罪实施时或者犯罪结束后的行为举止相关的特殊情节、显著降低行为社会危害性程度的其他情节，以及犯罪团伙成员积极协助揭露犯罪团伙所犯罪行的情节之一的：

(一)对犯罪人可在本法典分则相应条文规定的最低刑罚限度下裁定刑罚，法院亦可裁定较该条文规定更为轻缓的刑罚；

(二)法院可以不适用作为强制刑罚规定的附加刑。

二、本法典第五十六条规定情节，无论是部分减轻情节还是全部减轻情节都可以认定为特殊情节。

---

* 原意为“裁定比相应犯罪所定刑罚更为轻缓的刑罚”。——译者注

**第五十九条　未完成犯罪的刑罚裁定**

一、在对未完成的犯罪裁定刑罚时，应当考量导致犯罪行为未能实施终了的情节。

二、在对预备犯罪裁定刑罚时，不得超过本法典分则相应条文对已完成犯罪规定的、最严厉刑罚的一半。

三、在对未遂犯罪裁定刑罚时，不得超过本法典分则相应条文对已完成犯罪规定的、最严厉刑罚的四分之三。

**第六十条　共同犯罪的刑罚裁定**

一、在对共同犯罪裁定刑罚时，应当考量行为人实际参与犯罪的性质与程度、该参与行为对实现犯罪目的之意义，其对所致损害或者可能造成的损害在性质与程度上的影响。

二、与共同犯罪人当中各犯罪人行为及人身特性相关的减轻或者加重情节，仅在对该共同犯罪人裁定刑罚时予以考量。

**第六十一条　累次犯罪的刑罚裁定**

一、在对累次犯罪、危险的累次犯罪与极其危险的累次犯罪裁定刑罚时，应当对已实施的犯罪数量、性质、严重程度及后果，以及导致此前刑罚矫正效果不足的情节，新犯罪行的性质、严重程度与后果予以考量。

二、在对累次犯罪裁定刑罚时，不得低于本法典对该种犯罪所判处刑罚最高刑幅的一半；在对危险的累次犯罪裁定刑罚时，则不得低于相应刑罚最高刑幅的三分之二；在极其危险的累次犯罪时，则不得低于对该种犯罪所处最严厉刑罚的四分之三。

三、在具有本法典第五十八条规定的特殊情节时，针对累次犯罪、危险的累次犯罪、极其危险的累次犯罪，其刑罚裁定不必考量本条第二款的限制性规定。

**第六十二条　总合数罪的刑罚裁定**

一、在总合数罪的情况下，应分别对每起犯罪单独裁定刑罚。

二、如果总合数罪中包括轻度犯罪或者中度犯罪，则最终刑罚应当通过更严厉刑罚吸收较严厉刑罚抑或部分刑罚或者全部刑罚合并的方式裁定。在刑罚合并的情况下，最终刑罚不得超过这些犯罪中最严重罪行的最高刑罚。

三、如果总合数罪中包括重度犯罪或者极其重度犯罪，则最终刑罚应当通过部分刑罚或者全部刑罚合并的方式裁定。在刑罚合并的情况下，剥夺自由刑类的刑罚最终不得超过对最严重罪行规定的最高刑罚。

四、在基础刑上可以合并判处附加刑。部分或者全部附加刑合并之后的最终刑罚不得超过本法典总则对该类刑罚规定的最高期限与最高数额。

五、刑事判决下达后，如果确定被处刑人员在第一起案件下达刑事判决前实施的其他犯罪中存在过错，则依据同一根据裁定刑罚。在这种情况下，第一次刑事判决应当履行的刑罚期限计入最终刑罚期限。

**第六十三条 总合数刑事判决*时的刑罚裁定**

一、将数个刑事判决总合后裁定刑罚时，前刑事判决中未履行的部分刑罚全部或者部分并入后刑事判决裁定的刑罚之中。

二、将数个刑事判决总合后裁定的最终刑罚，如果其严厉程度低于军事惩戒营禁闭刑或者剥夺自由刑，不得超过本法典总则对该类刑罚规定的最高刑罚期限或者数额。

三、将数个被判处剥夺自由类刑罚的数个刑事判决，总合后最终裁定的刑罚可以超过本法典对最后刑事判决中相关犯罪规定的最高刑罚期限，但不得超过十五年；如果刑事判决中的犯罪包括极其重度犯罪，不得超过二十五年。

四、将数个刑事判决总合后裁定的最终刑罚，应当大于对新罪裁定的刑罚，以及先前刑事判决中未履行部分的刑罚。

五、将数个刑事判决总合后裁定刑罚时，可以根据本法典第六十二条第四款规定的原则合并判处附加刑。

**第六十四条 刑罚期限合并时的裁定规则**

一、将总合数罪与总合数个刑事判决合并后裁定刑罚时，剥夺自由刑一日折抵下列期限的刑罚：

（一）军事惩戒营禁闭刑一日；

（二）在指定区域履行居住责任刑一日；

---

* 数个刑事判决合并裁定刑罚。——译者注

（三）限制自由刑二日；

（四）矫正劳动刑或者限制军役刑三日；

（五）义务劳动刑八个小时。

二、对所致损害担负赔偿责任刑，没收财产刑，剥夺国家奖励、特殊奖励、军衔与职衔刑，以及剥夺担任一定职务或者从事一定活动权利刑类别的刑罚，在与剥夺自由刑、军事惩戒营禁闭刑、限制军役刑、矫正劳动刑、义务劳动刑或者罚金刑附加判处时，应当独立执行。

**第六十五条　刑罚期限计算与刑罚折抵**

一、剥夺担任一定职务或者从事一定活动权利刑、矫正劳动刑、限制军役刑、军事惩戒营禁闭刑、在指定区域履行居住责任刑、限制自由刑、剥夺自由刑的期限，以"月"与"年"为计算单位，义务劳动刑以"个小时"为计算单位。

二、实施本条第一款规定的刑罚，在变更或者合并，以及在刑罚期限折抵时，以"日"为计算单位。

三、在调查、预先侦查或者审理阶段的羁押时间，以羁押一日折抵剥夺自由刑二日，或者以羁押一日折抵限制自由刑二日，抑或以羁押一日折抵在指定区域履行居住责任刑二日，抑或以羁押一日折抵军事惩戒营禁闭刑二日，抑或以羁押一日折抵义务劳动刑八个小时的方式计入刑罚期限。

四、刑事判决生效前的羁押，以及履行法院刑事判决针对境外犯罪裁定的剥夺自由刑，刑罚期限以一日折抵一日的方式计算。

五、对羁押的被处刑人员裁定罚金刑、剥夺担任一定职务或者从事一定活动权利刑时，法院在考量羁押期限的情况下减轻应判处刑罚或者免除其履行刑罚。

六、被判处矫正劳动刑的人员，其羁押时间以羁押一日折抵矫正劳动刑三日的方式计入法院刑事判决的期限当中。

**第六十六条　对被判处剥夺自由刑的被处刑人员指定矫正机关的种类**

一、实施故意犯罪的被处刑人员，在下列机构履行剥夺自由刑：

（一）初次因实施轻度或者中度故意犯罪被判处剥夺自由刑且犯罪后已成年的男性与被判处剥夺自由刑的男性，以及初次因实施故意犯罪被判处剥夺自

由刑的女性,或者因实施累次犯罪,或者危险的累次犯罪的——在实行普通管束制度的改造机构执行;

(二)因实施重度或者极其重度的故意犯罪初次被判处剥夺自由刑的男性,或者此前因故意犯罪履行过剥夺自由刑,因累次犯罪或者危险的累次犯罪初次被判处剥夺自由刑的男性,以及因实施极其危险的累次犯罪被判处剥夺自由刑的女性——在实行严厉管束制度的矫正机构执行;

(三)实施极其危险的累次犯罪被判处剥夺自由刑的男性——在实行特别管束制度的矫正机构执行。

二、年满十八周岁的行为人,因极其重度犯罪被判处为期十年以上刑罚,以及在极其危险累次犯罪的情况下,可以裁定在监狱内履行部分期限的刑罚,但不得超过五年。

三、被判处剥夺自由刑的未成年人,应当在未成年人管教所履行刑罚。

四、被处刑人员,因过失犯罪被判处刑罚的,应当在流刑移住区履行剥夺自由刑。

五、法院应当根据土库曼斯坦刑事执行立法变更刑事判决裁定的矫正机构类型。

**第六十七条　附条件执刑***

一、在判处剥夺自由刑或者军事惩戒营禁闭刑之后,如果得出有关被处刑人员不履行刑罚也有可能得到矫正的结论,可以考虑判处附条件执刑。

二、在裁定附条件执刑时,法院应当考虑行为人所犯罪行的性质、严重性与犯罪后果、犯罪人的人身特性、减轻与加重情节。对于实施极其重度犯罪的行为人,不得适用附条件执刑。

三、在裁定附条件执刑时,法院应当规定相应的考验期,在该期限内被处刑人员应当以自己的行动证明其已得到矫正。在被判处为期一年以下军事惩戒营禁闭刑或者剥夺自由刑的情况下,考验期限应当不少于六个月、不超过三年;在被判处为期一年以上剥夺自由刑的情况下——不少于九个月、不超过五年。

---

* 也被国内学者译为“缓刑”。——译者注

四、裁定附条件执刑时可以判处附加刑。

五、在裁定附条件执刑时，法院可以指定被处刑人员履行下列责任：对造成的损害予以消除，参加工作或者学习，未经对附条件执刑人进行监督的机关许可不得变更固定居住地，不得涉足特定场所，特定时间不得离开居住地点，接受酒精瘾癖、毒瘾、药物滥用或者性传播疾病的治疗，为家庭提供物质支持。法院可以指定被判处附条件执刑的人员履行其他有助于其矫正的责任。

六、对附条件执刑人行为的监督，由内务机关执行。对被判处附条件执刑的军职人员，由部队或者军事机关的指挥部门执行。

七、在考验期内，根据对附条件执刑人行为进行监督的机关所作建议，法院可以全部或者部分变更，抑或补充此前对被处刑人员规定的责任。

**第六十八条　附条件执刑的撤销或者考验期的延长**

一、在考验期届满之前，如果附条件执刑人以自身行为证明已经得到矫正，根据对附条件执刑人行为进行监督的机关与刑罚执行监督机关的共同建议，法院可以决定撤销附条件执刑及被处刑人员的前科。

二、附条件执刑人如果逃避履行应当履行的责任或者违反公共秩序应当承受行政处罚的，根据本条第一款规定机关的共同建议，法院可以延长考验期，但不得超过一年。

三、被处刑人员在考验期内持续或者蓄意不履行法院指定其应当履行的责任时，根据本条第一款规定机关的共同建议，法院可以判处撤销附条件执刑并履行刑事判决指定的刑罚。

四、附条件执刑人在考验期内实施新的过失犯罪的，有关撤销或者维持附条件执刑的问题由法院决定。

五、附条件执刑人在考验期内实施新的故意犯罪的，法院根据本法典第六十三条规定的基本原则对其裁定刑罚。在实施新的过失犯罪时，法院撤销附条件执刑的，则根据本原则裁定刑罚。

# 第四编　免除刑事责任与免除刑罚

## 第十章　免除刑事责任

**第六十九条　鉴于自愿放弃犯罪而免除刑事责任**

一、行为人如果自愿并最终放弃将未完成的犯罪实施终了，则应当免除其未完成犯罪部分的刑事责任。

二、行为人自愿放弃将未完成的犯罪实施终了的，仅在其实行行为中实际上存在其他犯罪构成的情况下才应当对该部分的行为承担刑事责任。

三、组织犯与教唆犯自愿放弃犯罪是免除其相应刑事责任的根据，如果上述人员能够及时向权力机关检举或者及时采取其他措施制止实行犯将犯罪实施终了，则应当免除刑事责任。

胁从犯如果能够在随后的行为中证明，为了预防犯罪已经采取了所有能够采取的措施，则应当免除其刑事责任。

四、本条第三款规定中的组织犯或者教唆犯，如果其行为未能阻止行为犯实施犯罪，则不应当免除刑事责任。但在刑罚裁定时，其所采取的措施可以作为减轻刑事责任的情节予以认定。

**第七十条　鉴于积极悔过而免除刑事责任**

一、行为人初次实施轻度犯罪或者中度犯罪，如果犯罪后悔改、自首、积极协助揭露犯罪、赔偿其所致损害，或者采取其他方法对所致损害予以弥补，且刑事被害人未提起刑事指控的，可以考量其人身特性免除刑事责任。

二、本条第一款规定的原则，除本法典分则相应条文专门规定的情节外，不适用于与恐怖主义、极端主义有关的犯罪，有组织犯罪团伙或者犯罪团体实施的犯罪，在性关系领域内对未成年人实施的犯罪及危害居民健康的犯罪。上述限制性原则不适用于在性关系领域内实施犯罪的未成年行为人。

**附注：**

法院、法官、检察官以及经检察官授权的调查官、侦查官，应当采取相应措施对依据本法典第七十条至第七十二条规定免除刑事责任的人员追究行政责任，对相应的军职人员追究纪律责任。

**第七十一条　鉴于同刑事被害人和解而免除刑事责任**

一、行为人初次实施轻度犯罪或者中度犯罪，如果同刑事被害人或者原告人和解并向刑事被害人赔偿其所致损害，应当免除刑事责任。

二、未成年人、孕妇、尚须抚养三周岁以下子女或者十八周岁以下残障子女的女性；独自抚养三周岁以下子女或者十六周岁以下残障子女的男性；达到退休年龄的人员；初次实施重度犯罪但未导致他人死亡或者造成身体健康遭受重度伤害的，如果上述人员同刑事被害人或者原告人达成和解并赔偿其所致损害，则可以免除刑事责任。

三、实施本条第一款或者第二款规定行为的行为人所实施的犯罪对社会与国家的合法利益造成损害的，如果能够真诚悔过并对其所损害的社会与国家的合法利益予以赔偿，可以免除刑事责任。

四、本条规定不适用于实施下列犯罪的行为人：侵犯未成年人的性不可侵犯性的犯罪（未成年行为人对十四周岁以上十八周岁以下的未成年人实施该类犯罪的除外），故意导致他人死亡的犯罪，过失致使二人或者多人死亡的犯罪，与非法交易麻醉药品、精神药物及其前体有关的腐败犯罪，恐怖主义与极端主义犯罪以及犯罪团伙实施的犯罪。

**第七十二条　鉴于情势变化而免除刑事责任**

行为人初次实施轻度犯罪或者中度犯罪的，如果能够确定该行为人或者其所实施的行为鉴于情势变化而不再对社会具有危害，可以免除刑事责任。

**第七十三条　鉴于时效期限届满而免除刑事责任**

一、行为人如果自犯罪实施之日起经过下列期限届满，则应当免除刑事责任：

（一）实施轻度犯罪后二年期限届满；

（二）实施中度犯罪后六年期限届满；

（三）实施重度犯罪后十年期限届满；

（四）实施极其重度犯罪后十五年期限届满。

二、时效期限自实施犯罪之日起至刑事判决生效之日止。行为人实施新的犯罪的，则每一起犯罪的时效期限单独计算。

三、如果行为人逃避侦查或者审判，时效期限中止。在这种情况下，时效期限自行为人被捕或者自首之时起恢复。

四、对实施极其重度犯罪的行为人适用时效期限的问题，由法院决定。

五、对实施危害人类和平与安全犯罪的行为人，不得适用时效期限。

## 第十一章　免除刑罚

**第七十四条　附条件提前释放***

一、行为人履行义务劳动刑、矫正劳动刑、限制军役刑、剥夺自由刑或者军事惩戒营禁闭刑的，如果法院能够认定无须全部履行法院判处的刑罚即可完成自身矫正，可以附条件提前释放。在这种情况下，可以全部或者部分免除对行为人判处的附加刑罚。

二、在执行附条件提前释放时，法院可以指定行为人承担本法典第六十七条第五款规定的行为人应当在剩余未履行部分的刑罚期限内承担的刑事责任。

三、被处刑人员只有在实际履行下列期限的刑罚后，才可以适用附条件提前释放：

（一）对轻度犯罪或者中度犯罪判处刑罚的，不得少于三分之一刑罚期限；

（二）对重度犯罪判处刑罚的，不得少于二分之一刑罚期限；

（三）对极其重度犯罪判处刑罚的，不得少于三分之二刑罚期限，以及曾在

---

* 也被国内学者译为“假释”。——译者注

履行三分之二刑罚期限之后被判处附条件提前释放的人员，如果附条件提前释放曾根据本条第七款第一项与第二项规定撤销，则不得少于三分之二刑罚期限。

四、剥夺自由类的刑罚，行为人实际履行的刑罚期限不得低于六个月。

五、附条件提前释放，由被处刑人员刑罚履行地点的法院根据刑罚执行机关与刑罚执行监督机关的共同建议适用。

六、对附条件提前释放人员行为的监督，由内务机关执行。对被判处附条件提前释放的军职人员，由部队或者军事机关的指挥部门执行。

七、如果在未执行部分的刑罚期限内：

（一）被处刑人员因扰乱公共秩序被裁定行政处罚，或者蓄意逃避履行法院在适用附条件提前释放时指定其承担的责任，根据本条第五款规定中相应机关的共同建议，法院可以决定撤销附条件提前释放并执行未履行部分的刑罚期限；

（二）被处刑人员实施新的过失犯罪，有关撤销或者保留附条件提前释放的问题由法院决定；

（三）被处刑人员实施故意犯罪，法院依据本法典第六十三条规定的程序对其裁定刑罚。在实施过失犯罪的情况下，如果法院撤销附条件提前释放，根据相同的原则裁定刑罚。

八、附条件提前释放，不得对下列人员适用：

（一）曾因实施极其重度的犯罪被判处刑罚的人员，再次实施重度犯罪或者极其重度犯罪的；

（二）实施极其危险的累次犯罪的。

**第七十五条　以较轻刑罚替代未执行部分刑罚**

一、履行剥夺自由刑的行为人，根据刑罚执行机关与刑罚执行监督机关的共同建议，参考其在刑罚履行期间的行为，法院可将未履行部分刑罚变更为较轻刑罚。在这种情况下，可以全部或者部分免除对行为人判处的附加刑罚。

二、以较轻刑罚替代未履行部分的刑罚，可以在被处刑人员实际履行不少于三分之一的刑罚期限后适用。

三、在变更未履行部分的刑罚时，法院可以根据本法典第四十一条规定所列的刑罚种类，在相应刑罚规定的限度内选择任何较轻类别的刑罚。

**第七十六条　鉴于罹患重疾免除刑罚**

一、行为人实施犯罪后罹患精神障碍以致无法意识自身行为的实际性质或者予以支配的，应当免除刑罚。正在履行刑罚的，免除继续履行刑罚。对于此类行为人，法院可以判处医疗性强制措施。

二、行为人实施犯罪后罹患其他严重疾病妨碍履行刑罚的，法院可以免除刑罚。

三、行为人实施犯罪后丧失劳动能力或者达到退休年龄的，法院可以免除其履行矫正劳动刑。

四、本条第一款与第二款规定的行为人在其康复的情况下，如果本法典第七十三条与第七十八条规定的时效期限尚未届满，可以继续履行刑罚。

**第七十七条　对孕妇与尚须抚养年幼子女的人员延期履行刑罚**

一、被处刑孕妇与尚须抚养十四周岁以下子女的女性人员，以及独自对母亲已亡故或者被剥夺母亲亲权的十四周岁以下子女进行抚养的男性人员，除被处刑人是因为实施侵害人身的重度犯罪或者极其重度犯罪被判处五年以上剥夺自由刑的，法院可以对其判处延期履行刑罚至子女年满十四周岁。

二、如果对被处刑人员行为进行监督的机关对本条第一款规定的被处刑人员予以警告后，上述人员仍旧拒绝抚养幼子女或者继续逃避对其子女进行养育，依据该机关与刑罚执行监督机关的联合建议，法院可以撤销对该人延期履行刑罚，依据法院刑事判决将其遣送至指定地点履行刑罚。

三、如果本条第一款有关延期履行刑罚的理由不复存在，依据对被处刑人员行为进行监督的机关与刑罚执行监督机关的联合建议，法院可以免除被处刑人员履行剩余部分的刑罚或者将剩余部分刑罚变更为较轻类别的刑罚，抑或决定将其送至相应机构履行剩余部分刑罚。

四、被处刑人员，如果在延期履行刑罚的期间内又实施新的犯罪，法院根据本法典第六十三条规定的原则对其裁定刑罚。

**第七十八条　鉴于有罪判决时效期限届满而免除刑罚**

一、被认定有罪的行为人，自有罪判决产生效力之日起在下列期限内未予执行的，应当免除刑罚：

（一）因实施轻度犯罪被判处刑罚的，经过二年；

（二）因实施中度犯罪被判处刑罚的，经过六年；

（三）因实施重度犯罪被判处刑罚的，经过十年；

（四）因实施极其重度犯罪被判处刑罚的，经过十五年。

二、如果被处刑人员逃避履行刑罚，则时效期限中止。在这种情况下，时效期限自该行为人被拘留或者自首之日起重新计算。行为人逃避履行刑罚时的时效期限应当排除。

三、因实施危害人类和平与安全的犯罪被判处刑罚的人员，不适用时效期限。

## 第十二章　大赦、特赦与前科

**第七十九条　大赦与特赦**

一、依据大赦法令的规定，实施犯罪的行为人可以被免除刑事责任。被判处有罪的行为人，依据大赦法令可以免除全部刑罚、减轻刑罚或者将其变更为较轻刑罚，可以免除该行为人的附加刑罚。

二、依据特赦法令的规定，被判处有罪的行为人可以附条件或者无条件地免除继续履行对其裁定的刑罚，可以对其予以减刑，或者将刑罚变更为较轻刑罚，可以免除该行为人的附加刑罚。

三、对其适用附条件特赦的行为人，如果在对其指定的考验期内实施新的犯罪，法院依据本法典第六十三条规定的原则对其裁定刑罚。

**第八十条　前科**

一、行为人因实施犯罪被判处刑罚，自有罪判决产生法律效力之日起至前科被注销或者撤销之日止，应当被认定为负有前科的人。

二、前科，在具有下列情节之一时，应当注销：

（一）对于附条件执刑的人员，考验期限届满且附加刑罚履行完毕；

（二）对于被判处轻于剥夺自由刑类刑罚的人员，基础刑罚与附加刑罚履行完毕；

（三）对于因实施轻度犯罪或者中度犯罪被判处剥夺自由刑的人员，基础刑罚与附加刑罚履行完毕后经过一年期限届满；

（四）对于因实施中度犯罪被判处剥夺自由刑的人员，基础刑罚与附加刑罚履行完毕后经过二年期限届满；

（五）对于因实施重度犯罪被判处剥夺自由刑的人员，基础刑罚与附加刑罚履行完毕后经过三年期限届满；

（六）对于因实施极其重度犯罪被判处剥夺自由刑的人员，基础刑罚与附加刑罚履行完毕后经过五年期限届满。

三、行为人依据法定程序被提前释放，或者未履行部分刑罚变更为较轻刑罚的，注销前科的期限以基础刑罚与附加刑罚实际履行的时间为标准计算。

四、履行刑罚的人员如果在前科注销期限届满前实施新的犯罪，在较重罪行的前科注销期限届满之前，应被认定为对两次犯罪负有前科。两次犯罪的前科注销期限根据后起犯罪刑罚（基础刑罚与附加刑罚）履行的期限计算。

五、被处刑人员如果在履行刑罚之后品性表现端正，法院可以根据其申请在前科注销期限届满之前撤销其前科，但不得早于该期限的二分之一。

六、前科被注销或者撤销后，与前科有关的所有法律后果均予取消，且行为人不再被认定为负有前科。

# 第五编　未成年人的刑事责任

## 第十三章　未成年人刑事责任与刑罚的特点

**第八十一条　未成年人的刑事责任**

一、实施犯罪时年满十四周岁但未满十八周岁的人员应当认定为未成年人。自其生日的第二日开始,认定为达到刑事责任年龄的时间。

二、十八周岁以下的行为人实施犯罪的,刑事责任依据本章各条及本法典的基本原则确定。

三、对于实施犯罪的未成年人可以裁定履行刑罚抑或适用教育感化性强制措施。

**第八十二条　刑罚裁定**

一、在对未成年人裁定刑罚时,应当考虑其生活与教育条件、心理发育程度、其他人身特性、犯罪动机,以及成年人或者其他未成年人对其的影响。

二、未成年情节在作为刑事责任减轻情节时,应当将其同其他刑事责任减轻情节或者加重情节一并考量。

三、法院参考未成年人实施犯罪的具体情节,其心理发育程度、生活与居住条件、心理状态与教育程度,以及本法典第五十八条规定的其他情节,可以只判处限制自由类的刑罚,而不是对其裁定本法典分则相应条文规定的刑罚。

**第八十三条　刑罚种类**

对未成年人应当判处的刑罚种类:

(一)罚金刑;

（二）矫正劳动刑；

（三）限制自由刑；

（四）剥夺自由刑。

**第八十四条　罚金刑**

对未成年人判处的罚金刑，应当在基数值标准的二倍到五十倍标准内。法院可以向其父母或者经其父母同意的其他法定代理人收缴对该人判处的罚金。

**第八十五条　矫正劳动刑**

一、矫正劳动刑仅对年满十六周岁、有劳动能力的未成年人并在其工作地点适用，如果未成年人未工作也未上学，则在被处刑人员居住地内的其他地点适用，期限应在六个月以下。

二、如果未成年人蓄意逃避履行矫正劳动刑，法院可将未履行部分的矫正劳动刑变更为剥夺自由刑，但期限不得超过四个月。矫正劳动刑变更为剥夺自由刑的，应当依据本法典第四十八条规定的原则进行。

**第八十六条　限制自由刑**

对未成年人判处的限制自由刑，期限应当在一年以上二年以下。

**第八十七条　剥夺自由刑**

一、对未成年人裁定剥夺自由刑时，实施轻度犯罪的不超过一年，实施中度犯罪的不超过五年，实施重度犯罪的不超过九年，实施极其重度犯罪的不超过十二年。

二、未成年人初次实施轻度犯罪或者中度犯罪的，不得判处剥夺自由刑。

三、刑事判决下达时不满十八周岁的人员应当在管教所履行刑罚。

**第八十八条　刑罚的免除**

初次实施轻度犯罪或者中度犯罪的未成年人，根据其实行行为的性质与行为后果、人身特性与其他案件情节，如果能够不适用刑罚就可以对其进行矫正的，法院可以免除刑罚并对其适用教育感化性强制措施。

**第八十九条　教育感化性强制措施的适用**

一、未成年行为人初次实施轻度犯罪与中度犯罪的，如果认定通过适用教育感化性强制措施的方法能够达到对其矫正的目的，可以免除其刑事责任。

二、对未成年行为人可以判处下列教育感化性强制措施：

（一）警告；

（二）交由父母、父母替代者、法定代理人或者内务机关进行监督；

（三）对所致损害担负赔偿责任；

（四）限制休闲活动，对行为举止规定特殊限制。

三、对未成年行为人可以同时判处多个教育感化性强制措施。本条第二款第二项与第四项规定的教育感化性强制措施，有关适用期限的延长问题由采取上述措施的机关确定。

四、如果未成年行为人经常不遵守对其判处的教育感化性强制措施中所规定的要求，该措施可以根据国家授权机关的建议予以撤销，并递交相应材料以追究未成年人的刑事责任。

**第九十条　教育感化性强制措施的内容**

一、警告，即向未成年行为人说明其行为所造成的损害，以及再次实施刑法规定行为的后果。

二、移交监督，即赋予本法典第八十九条第二款第二项规定人员担负对未成年行为人履行教育感化并对其行为进行监督的责任。

三、判处对所致损害担负赔偿责任时，应考量未成年行为人的财产状况及其是否具有相应的劳动技能。

四、限制休闲活动可以是规定禁止涉足特定场所、采取某些休闲方式、每天在特定时间内限制在户外停留、未获得内务机关许可不得前往其他地区。还可以要求未成年行为人返回教学机构继续学业，抑或在国家授权机关的帮助下安置就业。

本款诸项规定不是全面详尽的休闲活动限制事项。

**第九十一条　附条件提前释放**

在实际履行下列期限的刑罚后，可以对被判处矫正劳动刑或者剥夺自由刑的未成年行为人适用附条件提前释放：

（一）不少于因实施轻度犯罪或者中度犯罪被判处刑罚期限的四分之一；

（二）不少于因实施重度犯罪被判处刑罚期限的三分之一；

（三）不少于因实施特别重度犯罪被判处刑罚期限的三分之二。

**第九十二条　时效期限**

对实施犯罪时未满十八周岁的行为人，鉴于时效期限届满免除刑事责任或者刑罚的，其适用期限应当少于本法典第七十三条与第七十八条规定期限的三分之一。

**第九十三条　前科注销期限**

对于实施犯罪时未满十八周岁的行为人，本法典第八十条第二款规定的前科注销期限对其适用时应当缩短，分别相当于下列期限：

（一）对因实施轻度犯罪被判处剥夺自由刑的人员，刑罚履行完毕后经过六个月；

（二）对因实施中度犯罪被判处剥夺自由刑的人员，刑罚履行完毕后经过一年；

（三）对因实施重度犯罪被判处剥夺自由刑的人员，刑罚履行完毕后经过二年；

（四）对因实施极其重度犯罪被判处剥夺自由刑的人员，罚履行完毕后经过四年。

# 第六编　医疗性强制措施适用的根据与程序

## 第十四章　医疗性强制措施

**第九十四条　医疗性强制措施适用的根据**

一、法院可以对下列人员判处医疗性强制措施：

（一）在无责任能力状态下实施刑法规定行为的；

（二）实施犯罪后罹患精神障碍性疾病导致无法对其判处或者执行刑罚的。

二、在对罹患酒精瘾癖、毒瘾或者药物滥用以及精神药物依赖的犯罪人裁定刑罚时，法院可以同时对其判处医疗性强制措施，旨在对其进行治疗及创造条件促进刑罚目的实现。

三、医疗性强制措施的执行程序，由土库曼斯坦的刑事执行立法予以确定。

四、对于本条第一款规定所列行为人，实施轻度犯罪的，以及根据其精神状态未显示出危险性的行为人，法院可以向卫生保健机关递交必要资料，以便依据土库曼斯坦有关精神疾病救助及公民权保障立法规定的程序解决有关对其进行治疗或者将其送往精神病院的问题。

**第九十五条　医疗性强制措施适用的目的**

医疗性强制措施，其适用目的在于预防被适用该措施的行为人实施刑法规定的新的行为，以及对这些行为人进行治疗或者改善其精神状态，从而消除其对自身或者他人所具有的危险性，抑或消除造成其他严重损害的危险性。

**第九十六条　医疗性强制措施的种类**

一、法院可以判处适用下列医疗性强制措施：

(一)强制性门诊监测和治疗;

(二)强制在普通精神病院进行治疗;

(三)强制在特别精神病院进行治疗;

(四)强制在特别精神病院进行密集观察性治疗。

二、行为人因实施刑事立法规定的行为被判处刑罚的,实施犯罪时处于有责任能力状态下但需要对酒精瘾癖、毒瘾、药物滥用进行治疗的,法院除裁定刑罚外,还可以对其指定强制性门诊监测和治疗类的医疗性强制措施。

## 第十五章 医疗性强制措施的裁定与终止

**第九十七条 医疗性强制措施的裁定**

一、在具有本法典第九十四条规定根据的情形时,如果依据行为人的自身精神状况不需要将其安置到精神病院进行治疗,可以指定对其适用强制性门诊监测和治疗。

二、在具有本法典第九十四条规定根据的情形时,如果行为人罹患的精神障碍疾病的性质与严重程度所要求的医疗、护理、维护与监测条件仅在住院条件下可以提供,可以指定对该行为人适用在精神病院接受强制治疗。

三、对于精神状况需要住院但不需要进行密切监测的行为人,可以对其指定在普通精神病院接受强制治疗。

四、对于精神状况需要进行持续监测的行为人,可以对其指定在特别精神病院接受强制治疗。

五、对于精神状况针对本人或者其他人员来讲极具危险性,且要求进行持续与密集观察的行为人,可以对其指定在特别精神病院接受密集观察性的强制治疗。

**第九十八条 医疗性强制措施的延长、变更与终止**

一、法院根据精神病院行政部门的建议,以精神医生委员会的鉴定为基础,确定医疗性强制措施的延长、变更与终止事宜。

二、被采取医疗性强制措施的行为人,应当至少六个月一次由本条第一款规定的委员会进行检查,以解决有关是否具有根据向法院递交终止或者变更该措施的问题。在不具有终止或者变更医疗性强制措施根据的情况下,精神病院行政部门应当向法院递交有关延长强制性医疗的鉴定。强制性医疗的第一次延长可以在开始履行医疗性强制措施之时起经过六个月期限后进行。

三、如果行为人的精神状况发生变化,不需要继续适用此前指定的措施的,抑或必须指定其他医疗性措施的,法院应当变更或者终止医疗性强制措施。

四、法院在终止行为人继续在精神病院接受强制性医疗时,可以依据本法典第九十七条第一款规定指定其在门诊接受强制观察和治疗。

**第九十九条　医疗性强制措施适用时间的计算**

实施犯罪后罹患精神障碍疾病的行为人,对其适用的医疗性强制措施时间,在其被治愈且被裁定刑罚或者恢复刑罚执行时应当计入相应的刑罚期限。

**第一百条　与刑罚执行相关的强制性医疗**

一、在本法典第九十六条第二款规定的情况下,医疗性强制措施应当在执行剥夺自由刑的地点执行,对于被判处其他刑罚种类的被处刑人员,应当在卫生保健部门能够提供精神科门诊的各机构执行。

二、如果被处刑人员的精神状态与是否应当接受医疗的状况能够证明具有合理性,法院根据精神医生委员会的鉴定可以将该行为人送往精神病院或者其他医疗机构进行治疗。

三、在上述机构留置的时间应当计入刑罚履行期限。被处刑人员不再需要继续在指定机构接受治疗的,依据法院基于本条第四款规定程序作出的判决,可将其送去继续服刑。

四、根据刑罚执行机关在精神医生委员会鉴定基础上提出的意见,法院决定是否终止与刑罚执行相关的医疗性强制措施。

# 分　则

# 第七编　侵害人身的犯罪

## 第十六章　侵害生命与健康的犯罪

**第一百零一条　故意杀人**

一、故意杀人的，——

应当判处为期八年以上十五年以下剥夺自由刑，附加或不附加判处为期一年以上三年以下在指定区域履行居住责任刑。

二、故意杀人具有下列情节之一的：

（一）针对二人或者多人实施的；

（二）鉴于该人*执行公务或者履行社会责任而对其及其近亲属实施的；

（三）针对犯罪人明知处于孤立无助状态的人员实施，以及兼具绑架他人或者劫持人质行为的；

（四）针对犯罪人明知处于怀孕状态的女性实施的；

（五）兼具强奸或者具有性行为性质的暴力行为的；

（六）以极其残忍的手段实施的；

（七）以明知会对多人生命造成危害的手段实施的；

（八）由无事先通谋的二人或者多人，或者事先通谋的犯罪团伙、有组织犯罪团伙或者犯罪集团实施的；

（九）基于贪利目的，以及受雇实施的；

---

* 此句中“该人”指被害人，可以理解为“鉴于被害人执行公务或者履行社会责任而对其本人或者其近亲属实施故意杀人行为”。——译者注

（十）出于流氓动机实施的；

（十一）旨在掩盖其他犯罪或者促使犯罪实施的；

（十二）基于社会、民族、种族或者宗教仇恨，以及敌意动机实施的；

（十三）基于血族复仇的动机实施的；

（十四）再次实施犯罪的，但本法典第一百零二条和第一百零三条规定的行为除外；

（十五）实施极其危险的累次犯罪的；

（十六）以利用人体器官或者组织为目的的，——

应当判处为期十年以上二十五年以下剥夺自由刑，附加或不附加判处为期一年以上三年以下在指定区域履行居住责任刑。

**第一百零二条　激情杀人**

一、杀人行为，因刑事被害人的暴力、嘲弄或者严重侮辱行为引发，抑或因刑事被害人的其他不法行为或者不道德行为（作为或者不作为）刺激所引发，在突然产生强烈心理情绪（激情）的状态下实施的，以及鉴于刑事被害人经常实施的不法行为或者不道德行为而长时间处于精神刺激的状态下而实施的，——

应当判处为期三年以下剥夺自由刑。

二、在本条第一款规定的状态下杀害二人或者多人的，——

应当判处为期三年以上五年以下剥夺自由刑。

**第一百零三条　在超出必要防卫限度或者拘捕犯罪实施者必要措施过限的情况下杀人**

一、故意杀人，超出必要防卫限度的，——

应当判处为期二年以下矫正劳动刑，或者为期三年以下剥夺自由刑。

二、在拘捕犯罪实施者时必要措施超出限度而故意将其杀害的，——

应当判处为期二年以下矫正劳动刑，或者为期三年以下剥夺自由刑。

**第一百零四条　母亲故意杀害新生儿**

母亲在分娩期间故意杀害新生儿，或者分娩后立即故意杀害新生儿，以及在精神受到刺激状况下或者不排除刑事责任能力的精神障碍状态下杀害新生儿的，——

应当判处为期五年以下剥夺自由刑。

**第一百零五条　过失致人死亡**

一、过失致使他人死亡的，——

应当判处数额为法定基数值金额三十倍以上七十倍以下罚金刑，或者为期三年以下剥夺自由刑。

二、过失致使二人或者多人死亡的，——

应当判处为期五年以下剥夺自由刑。

**第一百零六条　怂恿自杀和强迫自杀**

一、怂恿自杀，即采取劝诱、欺骗或者其他手段激发他人自杀的决心，如果该人以自杀方式结束生命或者企图自杀的，——

应当判处为期三年以下剥夺自由刑。

二、采取威胁、诽谤、虐待或者持续性侮辱人格尊严等手段强迫他人自杀或者企图自杀的，——

应当判处为期五年以下剥夺自由刑。

三、实施本条第二款规定的行为的，如果针对未成年人实施，——

应当判处为期八年以下剥夺自由刑。

**第一百零七条　故意导致他人身体健康遭受重度伤害**

一、故意导致他人身体健康遭受重度伤害危及生命的，或者导致他人丧失视力、语言能力、听力或者任何器官，或者导致任何器官丧失功能，或者使人永久性毁容，以及导致他人身体健康遭受其他伤害，危及生命或者导致精神失常，造成不少于三分之一的基本劳动能力永久丧失或者专业劳动能力完全丧失，抑或导致流产或者罹患精神疾病的，——

应当判处为期三年以上八年以下剥夺自由刑。

二、实施上述行为具有下列情节之一的：

（一）针对犯罪人明知处于怀孕状态的女性实施的；

（二）鉴于该人执行公务或者履行社会责任而对其及其近亲属实施的；

（三）由无事先通谋的二人或者多人，或者事先通谋的犯罪团伙实施的；

（四）使用残酷暴虐的手段实施的；

（五）以危害社会安全的方法实施的；

（六）出于流氓动机实施的；

（七）基于社会、民族、种族或者宗教仇恨，以及敌意动机实施的；

（八）有组织犯罪团伙实施的；

（九）针对二人或者多人实施的；

（十）再次实施的；

（十一）以使用人体器官或者组织为目的实施的，——

应当判处为期五年以上十年以下剥夺自由刑。

三、实施本条第一款或者第二款规定的行为，由犯罪集团实施的，或者过失致使刑事被害人死亡的，——

应当判处为期六年以上十五年以下剥夺自由刑。

**第一百零八条　故意导致他人身体健康遭受中度伤害**

一、故意对他人身体健康造成伤害，抑或其他尚未危及生命的健康伤害，也未造成本法典第一百零七条规定的后果，但是导致他人长期健康障碍或者低于三分之一的基本工作能力永久性地严重丧失，——

应当判处数额为法定基数值金额二十倍以上四十倍以下罚金刑，或者为期四百八十个小时以下义务劳动刑，或者为期二年以下矫正劳动刑，或者为期三年以下剥夺自由刑。

二、实施上述行为具有下列情节之一的：

（一）针对犯罪人明知处于怀孕状态的女性实施的；

（二）针对二人或者多人实施的；

（三）鉴于该人执行公务或者履行社会责任而对其及其近亲属实施的；

（四）由无事先通谋的二人或者多人，或者事先通谋的犯罪团伙实施的；

（五）使用残酷暴虐的手段实施的；

（六）出于流氓动机实施的；

（七）基于社会、民族、种族或者宗教仇恨，以及敌意动机实施的；

（八）再次实施的，——

应当判处数额为法定基数值金额二十倍以上五十倍以下罚金刑，或者为期二年以下矫正劳动刑，或者为期五年以下剥夺自由刑。

**第一百零九条　激情状态下故意造成他人身体健康的重度伤害**

故意造成他人身体健康遭受重度伤害，因刑事被害人的暴力、嘲弄或者是严重侮辱行为所引发，抑或因刑事被害人的其他不法行为或者不道德行为（作为或者不作为）刺激所引发，在突然产生强烈心理情绪（激情）的状态下实施的，以及鉴于刑事被害人经常实施的不法行为或者不道德行为而长时间处于精神刺激的状态下实施的，——

应当判处数额为法定基数值金额二十倍以上三十倍以下罚金刑，或者为期四百八十个小时以下义务劳动刑，或者为期二年以下矫正劳动刑，或者为期二年以下剥夺自由刑。

**第一百一十条　在超出必要防卫限度或者在拘捕犯罪实施者时必要措施过限而故意造成他人身体健康的重度伤害**

一、在超出必要防卫限度的情况下故意导致他人身体健康受到重度伤害的，——

应当判处数额为法定基数值金额二十倍以下罚金刑，或者为期四百八十个小时以下义务劳动刑，或者为期一年以下矫正劳动刑，或者为期一年以下剥夺自由刑。

二、在拘捕犯罪实施者时必要措施过限而故意导致他人身体健康遭受重度伤害的，——

应当判处数额为法定基数值金额二十倍以上三十倍以下罚金刑，或者为期四百八十个小时以下义务劳动刑，或者为期二年以下矫正劳动刑，或者为期二年以下剥夺自由刑。

**第一百一十一条　虐待**

一、长期殴打或者使用其他暴力手段造成他人身体上或者精神上的痛苦，如果尚未造成本法典第一百零七条和第一百零八条规定后果的，——

应当判处为期二年以下矫正劳动刑，或者为期二年以下剥夺自由刑。

二、实施上述行为具有下列情节之一的：

（一）针对犯罪人明知处于怀孕状态的女性实施的；

（二）鉴于该人执行公务或者履行社会责任而对其及其近亲属实施的；

（三）针对未成年人或者犯罪人明知处于孤立无助状态的或者在物质或者其他方面依赖于犯罪人的人员，以及针对作为人质被绑架或者被劫持的人员实施的；

（四）由无事先通谋的二人或者多人，或者事先通谋的犯罪团伙实施的；

（五）针对二人或者多人实施的；

（六）使用刑具手段实施的；

（七）雇用他人实施的；

（八）基于社会、民族、种族或者宗教仇恨，以及敌意动机实施的，——

应当判处为期三年以上七年以下剥夺自由刑。

**第一百一十二条　残忍对待处于依赖或者无助状态的人员**

一、残忍对待因疾病、残障、未成年或者迟暮之年而处于依赖或者孤立无助状态的人员的，——

应当判处为期一年以下矫正劳动刑，或者为期二年以下剥夺自由刑。

二、实施上述行为，过失致使他人死亡或者造成其他严重后果的，——

应当判处为期四年以下剥夺自由刑。

**第一百一十三条　过失致使他人身体健康的重度伤害**

过失致使他人身体健康遭受重度伤害的，——

应当判处数额为法定基数值金额二十倍以上五十倍以下罚金刑，或者为期四百八十个小时以下义务劳动刑，或者为期二年以下矫正劳动刑，或者为期一年以下剥夺自由刑。

**第一百一十四条　要挟杀害或者重度伤害他人身体健康**

以杀害或者重度伤害他人身体健康相要挟的，如果有理由担忧这种要挟会发生，——

应当判处数额为法定基数值金额十倍以上二十倍以下罚金刑，或者为期四百八十个小时以下义务劳动刑，或者为期二年以下矫正劳动刑。

**第一百一十五条　故意传染性传播疾病**

一、行为人明知自身罹患性传播疾病但故意把性传播疾病传染他人的，——

应当判处数额为法定基数值金额十倍以上二十倍以下罚金刑，或者为期二年以下矫正劳动刑，或者为期一年以下剥夺自由刑。

二、上述行为，针对二人或者多人实施，或者针对未成年人实施的，——

应当判处数额为法定基数值金额二十倍以上五十倍以下罚金刑，或者为期二年以下矫正劳动刑，或者为期三年以下剥夺自由刑。

**第一百一十六条　传染艾滋病病毒**

一、故意使他人陷入感染艾滋病病毒的危险之中的，——

应当判处为期三年以下剥夺自由刑。

二、行为人明知自身感染艾滋病病毒，但故意将其传染给他人的，——

应当判处为期五年以下剥夺自由刑。

三、本条第二款规定的行为，针对二人或者多人实施，或者针对未成年人实施的，——

应当判处为期八年以下剥夺自由刑。

四、医疗或者制药专业人员不当履行职责导致他人感染艾滋病病毒的，——

应当判处为期五年以下剥夺自由刑，附加或不附加判处为期三年以下剥夺担任一定职务或者从事一定活动权利刑。

**第一百一十七条　故意逃避治疗被认定为具有流行病性质或者疫情性质风险的传染性疾病并故意传染该疾病**

一、故意逃避治疗被认定为具有流行病性质或者疫情性质风险的传染性疾病，故意将他人置于传染该疾病的风险之中的，——

应当判处为期二年以下剥夺自由刑。

二、本条第一款规定的行为，再次实施或者致人死亡，或者造成其他严重后果的，——

应当判处为期五年以下剥夺自由刑。

三、协助罹患具有流行病性质或者疫情性质风险的传染性疾病人员逃避治疗的，——

应当判处为期三年以下剥夺自由刑，附加或不附加判处为期三年以下剥夺担任一定职务或者从事一定活动权利刑。

**第一百一十八条 非法人工终止妊娠**

一、具有相应医学学位的人员没有合法依据在医院或者其他医疗机构以外，抑或在医疗机构之内进行人工流产的，——

应当判处数额为法定基数值金额二十倍以上四十倍以下罚金刑，或者为期四百八十个小时以下义务劳动刑，或者为期二年以下矫正劳动刑，附加或不附加判处为期三年以下剥夺担任一定职务或者从事一定活动权利刑。

二、强制进行人工流产的，——

应当判处数额为法定基数值金额十倍以上五十倍以下罚金刑，或者为期四百八十个小时以下义务劳动刑，或者为期一年以上二年以下矫正劳动刑。

三、未接受相关高等医学教育的人员实施人工流产的，——

应当判处数额为法定基数值金额十倍以上五十倍以下罚金刑，或者为期一年以上二年以下矫正劳动刑，或者为期二年以下剥夺自由刑，附加或不附加判处为期三年以下剥夺担任一定职务或者从事一定活动权利刑。

四、再次实施本条第一款、第二款或者第三款规定的行为的，——

应当判处为期三年以下剥夺自由刑，附加或不附加判处为期三年以下剥夺担任一定职务或者从事一定活动权利刑。

五、实施本条第一款、第二款、第三款或者第四款规定的行为，过失致使刑事被害人死亡或者致使其身体健康遭受中度或者重度伤害的，——

应当判处为期五年以下剥夺自由刑，附加或不附加判处为期三年以下剥夺担任一定职务或者从事一定活动权利刑。

**第一百一十九条 对患者不予救助**

一、依据法律或者专业规范有义务向患者提供救助的人员无正当理由不救助患者，造成其身体健康遭受中度伤害的，——

应当判处数额为法定基数值金额二十倍以上五十倍以下罚金刑，附加或不附加判处为期三年以下剥夺担任一定职务或者从事一定活动权利刑；或者为期四百八十个小时以下义务劳动刑,或者为期二年以下矫正劳动刑,附加或不附加判处为期三年以下剥夺担任一定职务或者从事一定活动权利刑。

二、实施上述行为过失致使患者身体健康遭受重度伤害或者致其死亡的,——

应当判处为期二年以下剥夺自由刑,附加或不附加判处为期三年以下剥夺担任一定职务或者从事一定活动权利刑。

**第一百二十条　医务人员不当履行专业职责**

一、医务人员因疏忽或者敷衍的态度未履行或者不当履行职责,造成患者身体健康遭受中度伤害的,——

应当判处为期四百八十个小时以下义务劳动刑,附加或不附加判处为期三年以下剥夺担任一定职务或者从事一定活动权利刑;或者附加判处为期五年以下剥夺担任一定职务或者从事一定活动权利刑;或者为期二年以下矫正劳动刑,附加或不附加判处为期三年以下剥夺担任一定职务或者从事一定活动权利刑。

二、实施上述行为导致刑事被害人身体健康遭受重度伤害,或者致其死亡的,——

应当判处为期三年以下剥夺自由刑,附加或不附加判处为期三年以下剥夺担任一定职务或者从事一定活动权利刑。

**第一百二十一条　不当履行对未成年人的生命与健康应予保护的义务**

儿童机构或者青少年机构的工作人员,对根据职责赋予其应当履行对未成年人生命和健康应予保护的责任,因疏忽或者敷衍的态度未履行或者不当履行的,如果过失致使未成年人死亡或者造成其身体健康受到重度伤害,——

应当判处数额为法定基数值金额十倍以上五十倍以下罚金刑,或者为期三年以下剥夺自由刑,附加或不附加判处为期三年以下剥夺担任一定职务或者从事一定活动权利刑。

**第一百二十二条　非法行医**

一、没有专门许可或者不具有专业医学教育水平的人员从事医疗活动,过失致使他人身体健康遭受重度伤害的,——

应当判处数额为法定基数值金额十倍以上五十倍以下罚金刑，或者为期二年以下矫正劳动刑，或者为期二年以下剥夺自由刑。

二、实施上述行为导致过失致使刑事被害人死亡的，——

应当判处为期三年以下剥夺自由刑。

**第一百二十三条　危境遗弃**

犯罪人有能力对刑事被害人提供救助或者有义务去照顾刑事被害人，抑或犯罪人本人将刑事被害人置于使其生命陷入危险状态的，故意对生命或者身体健康处于危险状态的人员不予救助，或者因年幼、迟暮、疾病或者鉴于自身的孤立无助状态而对无法采取措施自我保护的人员不予救助的，——

应当判处为期二年以下矫正劳动刑，或者为期二年以下剥夺自由刑。

**附注：**

行为人实施第三百六十四条与第四百零三条第四款、第六款与第八款规定的行为的，与将刑事被害人弃于危险情境、弃于事故现场有关的，不应当按照本条规定追究刑事责任。

## 第十七章　侵犯人身自由、荣誉与尊严的犯罪

**第一百二十四条　绑架**

一、绑架他人的，——

应当判处为期四年以上十年以下剥夺自由刑。

二、实施上述行为具有下列情节之一的：

（一）由事先通谋的犯罪团伙或者有组织犯罪团伙实施的；

（二）再次实施的；

（三）使用危及他人生命或者身体健康的暴力，抑或以要挟使用该暴力为手段实施的；

（四）使用武器或者其他作为武器使用的物体实施的；

（五）针对二人或者多人实施的；

（六）将被绑架者非法带出土库曼斯坦国境或者从土库曼斯坦境外非法带

回的；

（七）针对犯罪人明知处于怀孕状态的女性实施的；

（八）以移植为目的摘取被绑架者的器官或者组织的；

（九）基于贪利目的实施的；

（十）行为人利用自身职务上的便利条件实施的，——

应当判处为期十年以上十五年以下剥夺自由刑。

三、实施本条第一款或者第二款规定的行为具有下列情节之一的：

（一）由犯罪集团实施的；

（二）导致过失致使刑事被害人死亡或者对其身体健康造成严重伤害，或者造成其他严重后果的；

（三）针对未成年人实施的，——

应当判处为期十五年以上二十五年以下剥夺自由刑。

**附注：**

行为人自愿释放被绑架者的，如果在其行为中不具有其他犯罪构成，则应当免除刑事责任。

**第一百二十五条　为造成事实婚姻绑架女性**

为造成与其产生事实婚姻关系，违反女性意愿对其进行绑架的，——

应当判处数额为法定基数值金额三十倍以上七十倍以下罚金刑，或者为期二年以下矫正劳动刑，或者为期二年以下剥夺自由刑。

**第一百二十六条　偷换婴儿**

故意偷换婴儿的，——

应当判处为期二年以下矫正劳动刑，或者为期二年以下剥夺自由刑。

**第一百二十七条　非法剥夺他人自由**

一、与绑架行为无关而非法剥夺他人人身自由的，——

应当判处为期二年以下矫正劳动刑，或者为期二年以下剥夺自由刑。

二、实施上述行为具有下列情节之一的：

（一）由事先通谋的犯罪团伙或者有组织犯罪团伙实施的；

（二）再次实施的；

（三）使用危及他人生命或者身体健康的暴力手段实施的；

（四）使用武器或者其他作为武器使用的物体实施的；

（五）针对未成年人实施的；

（六）针对二人或者多人实施的，——

应当判处为期三年以上五年以下剥夺自由刑。

三、实施本条第一款和第二款规定的行为导致过失致使刑事被害人死亡或者对其身体健康造成严重伤害，或者造成其他严重后果的，——

应当判处为期四年以上八年以下剥夺自由刑。

**第一百二十八条　贩卖人口**

一、贩卖人口，即无论受害者是否同意，以剥削受害者为目的，通过威胁、强制、欺骗、滥用刑事被害人的信任或者弱势地位，抑或收买被害者所依赖的人员等手段进行招募、运输、转移、窝藏或者接收人口，以及进行人口买卖交易，抑或对其实施将其视为财产客体对待的其他非法交易的，——

应当判处为期四年以上十年以下剥夺自由刑。

二、实施上述行为具有下列情节之一的：

（一）再次实施的；

（二）由事先通谋的犯罪团伙实施的；

（三）针对二人或者多人实施的；

（四）针对明知是未成年的人员实施的；

（五）针对犯罪人明知处于怀孕状态的女性实施的；

（六）针对无自卫能力或者处于孤立无助状态的人员实施，抑或依赖于犯罪人或者犯罪人明知罹患严重精神障碍的人员实施的；

（七）由利用公职权力的权力机关代表、利用自身职务上的便利条件的人员，以及在商业组织或者其他组织中履行管理职能的人员实施的；

（八）将刑事被害人非法带出土库曼斯坦国境或者非法在土库曼斯坦境外扣留的；

（九）使用武器，或者使用肢体暴力或者心理强制手段实施抑或以要挟使用该暴力为手段实施的；

（十）以移植为目的摘取被绑架者的器官或者组织的；

（十一）与在武装冲突或者军事行动，抑或在武装团体中动用雇佣军有关的；

（十二）没收、藏匿或者销毁刑事被害人的身份证件的，——

应当判处为期八年以上十五年以下剥夺自由刑。

三、实施本条第一款或者第二款规定的行为具有下列情节之一的：

（一）过失致使刑事被害人死亡或者对其身体健康造成严重伤害，或者造成其他严重后果的；

（二）以危及多人生命与健康的方式实施的；

（三）由犯罪团伙或者犯罪集团实施的，——

应当判处为期十五年以上二十五年以下剥夺自由刑。

**附注：**

一、贩卖人口行为中的受害者对因其成为人口贩卖受害者而实施的违法行为，应当免除刑事责任。

二、本条所指"剥削他人"可以理解为强制他人劳动或者服务、奴役他人或者使其处于类似奴役的状态（状况）、不自由的处境或者被摘除身体器官和（或者）组织，在武装冲突中利用他人，对他人实施性行为或者其他剥削手段。

三、以剥削为目的招募、运送、转移、藏匿或者接收未成年人，即使不涉及与使用本条第一款规定各种手段相关的行为，也应认定为贩卖人口。

**第一百二十九条　绑架人质**

一、以威胁杀害或者造成肢体伤害为手段劫持或者扣留他人为人质，并以释放人质为条件要挟国家、国际组织、法人或者自然人实施或者放弃实施何种行为的，在不具有本法典第二百五十三条（敲诈勒索）与第二百九十三条（恐怖主义）规定犯罪的特征时，——

应当判处为期五年以上十年以下剥夺自由刑。

二、实施上述行为具有下列情节之一的：

（一）由事先通谋的犯罪团伙或者有组织犯罪团伙实施的；

（二）再次实施的；

（三）使用肢体暴力实施的；

（四）使用武器或者其他作为武器使用的物体实施的；

（五）针对未成年人实施的；

（六）针对二人或者多人实施的，——

应当判处为期八年以上十五年以下剥夺自由刑。

三、实施本条第一款或者第二款规定的行为具有下列情节之一的：

（一）由犯罪集团实施的；

（二）过失致使刑事被害人死亡或者对其身体健康造成严重伤害，或者造成其他严重后果的，——

应当判处为期十年以上二十年以下剥夺自由刑。

**附注：**

行为人自愿释放被绑架者且在其行为中不具有其他犯罪构成的，应当免除刑事责任。

**第一百三十条　蓄意对健康人员进行强制治疗**

一、将明知不需要进行该种形式治疗的人员安置于精神病院或者其他封闭式医疗机构的，——

应当判处为期三年以下剥夺自由刑，附加或不附加判处为期三年以下剥夺担任一定职务或者从事一定活动权利刑。

二、实施上述行为具有下列情节之一的：

（一）行为人利用自身职务上的便利条件实施的；

（二）故意对未成年人实施的；

（三）过失致使刑事被害人死亡或者严重损害其健康，抑或造成其他严重后果的，——

应当判处为期三年以上七年以下剥夺自由刑，附加或不附加判处为期三年以下剥夺担任一定职务或者从事一定活动权利刑。

**第一百三十一条　诽谤**

一、诽谤，即故意散播损害他人荣誉与尊严或者有损其声誉的虚假信息。诽谤是通过公开演讲、公开展示作品或者通过大众信息媒体，抑或通过信息通信网络或者互联网实施的，——

应当判处数额为法定基数值金额十倍以上三十倍以下罚金刑，或者为期四百八十个小时以下义务劳动刑。

二、实施本条第一款规定的行为造成严重后果，抑或指控他人实施极其重度犯罪或者与腐败犯罪有关的，——

应当判处数额为法定基数值金额三十倍以上五十倍以下罚金刑，或者为期三年以下剥夺自由刑。

## 第十八章　性关系领域内的犯罪

**第一百三十二条　强奸**

一、强奸，即使用肢体暴力或者以要挟使用该暴力为手段实施的，或者利用刑事被害人的孤立无助状态进行性交活动的，——

应当判处为期三年以上十年以下剥夺自由刑，附加或不附加判处为期一年以上三年以下在指定区域履行居住责任刑。

二、实施上述行为具有下列情节之一的：

（一）再次实施的；

（二）由无事先通谋的二人或者多人，或者事先通谋的犯罪团伙实施的；

（三）与刑事被害人遭受虐待有关的；

（四）导致刑事被害人感染性传播疾病的；

（五）故意针对未成年人实施的，——

应当判处为期五年以上十五年以下剥夺自由刑，附加或不附加判处为期一年以上三年以下在指定区域履行居住责任刑。

三、实施上述行为具有下列情节之一的：

（一）过失致使女性刑事被害人死亡，抑或严重损害其健康或者导致其感染艾滋病病毒的；

（二）故意对未满十四周岁的刑事被害人实施的，——

应当判处为期十年以上二十五年以下剥夺自由刑，附加或不附加判处为期一年以上三年以下在指定区域履行居住责任刑。

**第一百三十三条 鸡奸**

一、鸡奸，即男性与男性间进行性行为，——

应当判处为期二年以下剥夺自由刑，附加或不附加判处为期一年以上三年以下在指定区域履行居住责任刑。

二、鸡奸，使用肢体暴力或者以要挟使用该暴力为手段实施，以及利用刑事被害人的孤立无助状态实施的，——

应当判处为期三年以上八年以下剥夺自由刑，附加或不附加判处为期一年以上三年以下在指定区域履行居住责任刑。

三、实施本条第二款规定的行为具有下列情节之一的：

（一）再次实施的；

（二）由无事先通谋的二人或者多人，或者事先通谋的犯罪团伙实施的；

（三）故意对未成年人实施的；

（四）导致刑事被害人感染性传播疾病的，——

应当判处为期五年以上十年以下剥夺自由刑，附加或不附加判处为期一年以上三年以下在指定区域履行居住责任刑。

四、实施本条第二款或者第三款规定的行为具有下列情节之一的：

（一）故意针对未满十四周岁的人员实施的；

（二）过失致使男性刑事被害人死亡或者严重损害其身体健康，抑或使其感染艾滋病病毒的，——

应当判处为期十年以上二十年以下剥夺自由刑，附加或不附加判处为期一年以上三年以下在指定区域履行居住责任刑。

**第一百三十四条 满足变态的性需求**

一、为满足变态的性需求，使用肢体暴力或者以要挟使用该暴力为手段实施，以及利用女性刑事被害人（男性刑事被害人）的孤立无助状态实施的，——

应当判处为期二年以上六年以下剥夺自由刑。

二、实施上述行为具有下列情节之一的：

（一）再次实施的；

(二)无事先通谋的二人或者多人,或者事先通谋的犯罪团伙实施的;

(三)造成严重后果,——

应当判处为期三年以上八年以下剥夺自由刑。

三、针对未成年人实施本条第一款与第二款规定的行为的,——

应当判处为期五年以上十年以下剥夺自由刑。

**第一百三十五条　强迫他人性交**

采取敲诈、威胁损毁其财物或者利用物质依赖,抑或其他依赖关系的手段,强迫他人在工作场所或者其他地点进行性交、鸡奸或者进行其他性行为的,——

应当判处为期二年以下矫正劳动刑,或者为期二年以下剥夺自由刑。

**第一百三十六条　卖淫**

受到行政处罚后一年内再次从事卖淫活动的,——

应当判处数额为法定基数值金额二十倍以上四十倍以下罚金刑,或者为期四百八十个小时以下义务劳动刑,或者为期二年以下矫正劳动刑,或者为期二年以下剥夺自由刑。

**第一百三十七条　引诱卖淫**

一、引诱他人卖淫的,——

应当判处为期二年以下矫正劳动刑,或者为期二年以下剥夺自由刑。

二、实施上述行为具有下列情节之一的:

(一)再次实施的;

(二)由事先通谋的犯罪团伙实施的;

(三)使用肢体暴力或者以要挟使用该暴力为手段实施的;

(四)使用讹诈或者欺骗手段实施的,——

应当判处为期三年以上八年以下剥夺自由刑。

**附注:**

曾经实施本法典第一百三十七条、第一百三十八条、第一百三十九条、第一百四十条与第一百五十五条规定犯罪的行为人再次实施上述条文规定中的任何罪行的,应当认定为再次犯罪。

**第一百三十八条　组织或者经营淫乱或卖淫场所**

一、组织或者经营淫乱或者卖淫场所的，——

应当判处为期五年以下剥夺自由刑，附加或不附加判处没收财产刑，或者附加或不附加判处为期一年以上三年以下在指定区域履行居住责任刑。

二、再次实施上述行为的，——

应当判处为期三年以上八年以下剥夺自由刑，附加或不附加判处没收财产刑，或者附加或不附加判处为期一年以上三年以下在指定区域履行居住责任刑。

**第一百三十九条　淫媒***

一、以淫乱或者卖淫为目的充当淫媒的，——

应当判处为期五年以下剥夺自由刑，附加或不附加判处没收财产刑。

二、再次实施上述行为的，——

应当判处为期三年以上八年以下剥夺自由刑，附加或不附加判处没收财产刑。

**第一百四十条　操控卖淫**

一、操控卖淫，即基于贪利动机，以性剥削为目的利用卖淫者的，——

应当判处为期二年以上六年以下剥夺自由刑，附加或不附加判处没收财产刑。

二、再次实施上述行为的，——

应当判处为期三年以上八年以下剥夺自由刑，附加或不附加判处没收财产刑。

**第一百四十一条　故意与未满十六周岁的人员性交**

与明知未满十六周岁的人员进行性交活动的，——

应当判处数额为法定基数值金额十倍以上三十倍以下罚金刑，或者为期二年以下矫正劳动刑，或者为期三年以下剥夺自由刑。

---

* 即指拉皮条、撮合他人私通的行为。——译者注

**附注：**

初次实施本条规定之犯罪的行为人，因与刑事被害人和解、共同居住及共同维持家庭而丧失社会危险性的，应当免除其刑事责任。

**第一百四十二条　对不满十六周岁的人员实施猥亵**

采取非暴力的手段对明知未满十六周岁的人员实施猥亵行为的，——

应当判处为期三年以下剥夺自由刑。

## 第十九章　侵犯人与公民的宪法权利与自由的犯罪

**第一百四十三条　侵犯人与公民的平等权**

一、基于国籍、肤色、性别、出身、财产和职务状况、居住地、语言、宗教态度、政治信仰或者其他情节，直接或者间接侵犯或者限制人与公民的权利和自由，因此造成严重后果的，——

应当判处为期二年以下矫正劳动刑，或者为期二年以下剥夺自由刑。

二、行为人或者社会团体负责人利用自身职务上的便利条件实施上述行为的，——

应当判处为期二年以下矫正劳动刑，或者为期三年以下剥夺自由刑。

**第一百四十四条　侵犯隐私权**

一、未经他人许可，非法收集、储存抑或传播构成其个人或者家庭秘密的隐私，抑或在公开演讲、公开展示作品或者大众信息媒体上散播上述信息，如果行为人因实施这些违法行为被处以行政处罚后一年内再次实施的，——

应当判处数额为法定基数值金额十倍以上二十倍以下罚金刑，或者为期四百八十个小时以下义务劳动刑，或者为期一年以下矫正劳动刑。

二、实施上述行为具有下列情节之一的：

（一）行为人利用自身职务上的便利条件实施的；

（二）故意对未成年人实施的；

（三）利用信息技术的手段实施的；

（四）基于贪利目的实施的，——

应当判处数额为法定基数值金额二十倍以上四十倍以下罚金刑，附加或不附加判处为期三年以下剥夺担任一定职务或者从事一定活动权利刑，或者为期二年以下矫正劳动刑。

三、实施本条第一款与第二款规定的行为并造成严重后果的，——

应当判处数额为法定基数值金额四十倍以上六十倍以下罚金刑，附加或不附加判处为期三年以下剥夺担任一定职务或者从事一定活动权利刑，或者为期一年以下剥夺自由刑。

**第一百四十五条　侵犯通信、电话交谈与其他通信秘密**

故意侵犯公民通信、电话交谈和其他通信秘密的，如果行为人因实施这些违法行为被处以行政处罚后一年内再次实施，或者利用自身职务上的便利条件实施，——

应当判处数额为法定基数值金额五倍以上十倍以下罚金刑，或者为期四百八十个小时以下义务劳动刑，或者为期一年以下矫正劳动刑。

**第一百四十六条　侵犯住宅不可侵犯性**

违反居住者意愿非法进入其住宅或者以其他方式侵犯住宅不可侵犯性的，如果行为人因实施这些违法行为被处以行政处罚后一年内再次实施，抑或使用肢体暴力或者以要挟使用该暴力为手段实施，抑或利用自身职务上的便利条件实施，——

应当判处数额为法定基数值金额二十倍以上三十倍以下罚金刑，或者为期二年以下矫正劳动刑，或者为期二年以下剥夺自由刑。

**第一百四十七条　阻碍公民行使选举权或者全民公决权**

通过暴力、欺骗、威胁、伪造以及贿赂选民或者参与贿赂，阻碍公民自由行使选举权或者参加全民公决的权利的，——

应当判处为期二年以下矫正劳动刑，或者为期二年以下剥夺自由刑。

**第一百四十八条　侵犯公民选举权或者全民公决权**

选举委员会成员通过违反保守投票秘密、伪造选举文件、故意编造和签发虚假文件、故意错误计算选票或者故意错误确定投票结果，以及故意错误确定选举、公投结果等方式，侵犯公民选举权或者全民公决权的，——

应当判处数额为法定基数值金额五倍以上十倍以下罚金刑，或者为期二年以下矫正劳动刑，或者为期一年以上五年以下限制自由刑，或者为期一年以下剥夺自由刑。

**第一百四十九条　违反劳动保护条例**

一、有义务遵守相应规则的人员违反安全技术条例或者其他劳动保障条例的，如果该行为导致他人身体健康遭受重度伤害，——

应当判处数额为法定基数值金额二十倍以上五十倍以下罚金刑，或者为期二年以下矫正劳动刑，或者为期二年以下剥夺自由刑。

二、实施本条第一款规定的行为导致过失致使他人死亡的，——

应当判处为期五年以下剥夺自由刑，附加或不附加判处为期三年以下剥夺担任一定职务或者从事一定活动权利刑。

**第一百五十条　无理拒绝雇用或者无理辞退孕妇或者尚须抚养三周岁以下子女的人员**

以怀孕或者尚须抚养三周岁以下子女为由无理拒绝雇用孕妇或者有三周岁以下子女的人员，以及以同样理由无理辞退上述人员的，——

应当判处为期五年以下剥夺担任一定职务或者从事一定活动权利刑，或者为期二年以下剥夺自由刑，或者为期二年以下矫正劳动刑。

**第一百五十一条　侵犯著作权、邻接权与专利权及相关权利人的权利**

侵占版权、非法使用著作权或者邻接权的客体，以及被专利保护的发明、实用新型或者工业设计的，如果行为人因实施这些违法行为被处以行政处罚后一年内再次实施，或者由事先通谋的犯罪团伙实施，——

应当判处数额为法定基数值金额十五倍以上三十倍以下罚金刑，或者为期四百八十个小时以下义务劳动刑，或者为期二年以下矫正劳动刑。

**第一百五十二条　阻碍宗教组织的合法活动**

一、阻碍宗教组织的合法活动或者宗教仪式的举行，但尚未扰乱公共秩序且未涉及侵犯公民权利、自由和合法利益的，——

应当判处数额为法定基数值金额五倍以上十倍以下罚金刑，或者为期四百八十个小时以下义务劳动刑，或者为期一年以下矫正劳动刑。

二、使用肢体暴力或者以要挟使用该暴力为手段实施上述行为的，——

应当判处为期二年以下剥夺自由刑。

## 第二十章　侵害未成年人、家庭与道德的犯罪

**第一百五十三条　怂恿未成年人实施犯罪**

一、年满十八周岁的行为人怂恿未成年人实施犯罪的，——

应当判处为期三年以下剥夺自由刑。

二、父母、师长或者对未成年人负有法定照顾义务的人员实施上述行为，或者利用信息技术手段实施的，——

应当判处为期五年以下剥夺自由刑，附加或不附加判处为期三年以下剥夺担任一定职务或者从事一定活动权利刑。

三、使用肢体暴力或者以要挟使用该暴力为手段实施本条第一款或者第二款规定的行为的，——

应当判处为期四年以上八年以下剥夺自由刑。

四、实施本条第一款、第二款或者第三款规定的行为，如涉及怂恿未成年人加入有组织犯罪团伙或者犯罪集团，或者实施极其重度的犯罪的，——

应当判处为期五年以上十年以下剥夺自由刑。

**第一百五十四条　怂恿未成年人参与实施反社会行为**

年满十八周岁的行为人怂恿未成年人持续使用酒精饮品、非法使用麻醉物质、流浪或者乞讨的，如果因实施这些违法行为被处以行政处罚后一年内再次实施，或者使用肢体暴力或者以要挟使用该暴力为手段实施的，——

应当判处为期二年以下矫正劳动刑，或者为期四年以下剥夺自由刑。

**第一百五十五条　引诱未成年人卖淫**

一、引诱未成年人从事卖淫活动的，——

应当判处为期五年以下剥夺自由刑。

二、实施上述行为具有下列情节之一的：

（一）再次实施的；

(二)由事先通谋的犯罪团伙实施的;

(三)使用肢体暴力或者以要挟使用该暴力为手段实施的;

(四)使用讹诈或者欺骗手段实施的,——

应当判处为期三年以上八年以下剥夺自由刑。

**第一百五十六条 泄露养子(养女)收养秘密**

行为人鉴于履行自身公务或者职务获悉有关收养养子(养女)的事实但应予以保密,违背被收养养子(养女)意愿泄露有关养子(养女)收养秘密的,——

应当判处数额为法定基数值金额十五倍以上三十倍以下罚金刑,附加或不附加判处为期三年以下剥夺担任一定职务或者从事一定活动权利刑;或者为期四百八十个小时以下义务劳动刑,附加或不附加判处为期三年以下剥夺担任一定职务或者从事一定活动权利刑;或者为期二年以下矫正劳动刑,附加或不附加判处为期三年以下剥夺担任一定职务或者从事一定活动权利刑。

**第一百五十七条 滥用监护权**

利用监管权、监护权与收养权谋取私利,损害被监护人或者被收养人利益,以及导致被监护人或者被收养人陷入无人监护或者未能得到必要帮助的状况的,——

应当判处数额为法定基数值金额十倍以上二十倍以下罚金刑,或者为期四百八十个小时以下义务劳动刑,或者为期二年以下矫正劳动刑。

**第一百五十八条 蓄意违反未成年人养育义务**

父母或者应当履行未成年人养育义务的人员,以及教育机构的教师或者其他工作人员,蓄意违反未成年人养育义务的,如果这种行为与虐待未成年人有关或者对其身体健康造成重大伤害,——

应当判处为期一年以上五年以下限制自由刑,附加或不附加判处为期三年以下剥夺担任一定职务或者从事一定活动权利刑,或者为期二年以下剥夺自由刑。

**第一百五十九条 不支付子女或者无劳动能力父母的抚养(赡养)费用**

一、在没有正当理由的情况下,父母持续二个月以上或者在更长时间内逃避向未成年子女,以及年满十八周岁无劳动能力子女支付应当支付的抚养费用,该费用根据法院判决或者经公证确认的抚养费用支付协议确定,且上述违法行为是由一年两次受到行政处罚的人员实施,或者蓄意逃避支付的,——

应当判处数额为法定基数值金额十倍以上二十倍以下罚金刑,或者为期二年以下矫正劳动刑,或者为期一年以上五年以下限制自由刑,或者为期一年以下剥夺自由刑。

二、在没有正当理由的情况下,有劳动能力的成年子女持续二个月以上或者在更长时间内逃避向无劳动能力的父母支付应当支付的赡养费用,该费用根据法院判决或者经公证确认的赡养费用支付协议确定,且上述违法行为是由一年两次受到行政处罚的人员实施,或者蓄意逃避支付的,——

应当判处数额为法定基数值金额十倍以上二十倍以下罚金刑,或者为期二年以下矫正劳动刑,或者为期一年以上五年以下限制自由刑,或者为期一年以下剥夺自由刑。

**第一百六十条　强迫女性结婚或者阻止其结婚**

一、使用暴力手段或者以要挟使用该暴力为手段,强迫女性结婚或者延续婚姻关系,以及阻止女性根据自己意愿缔结婚姻的,——

应当判处数额为法定基数值金额二十倍以上三十倍以下罚金刑,或者为期四百八十个小时以下义务劳动刑,或者为期二年以下矫正劳动刑。

二、强迫未达到法定结婚年龄的人员缔结事实婚姻关系的,——

应当判处为期三年以下剥夺自由刑。

**第一百六十一条　一夫多妻**

一夫多妻,即与二名或者二名以上女性共同居住并共同维持家庭生活的,——

应当判处数额为法定基数值金额二十倍以上三十倍以下罚金刑,或者为期二年以下矫正劳动刑。

**第一百六十二条　制作或者传播色情材料或者色情物品**

一、以营利或者讹诈为目的生产,抑或买卖、宣传或者以其他方式传播色情材料、印刷品、图像、影片、录像带或者色情场景及其他具有色情含义的物品的,——

应当判处数额为法定基数值金额二十倍以上四十倍以下罚金刑,或者为期二年以下矫正劳动刑。

二、上述行为再次实施的,或者由有组织犯罪团伙或者犯罪集团实施的,——

应当判处为期二年以上四年以下剥夺自由刑,附加或不附加判处没收财产刑。

三、针对未成年人实施本条第一款或者第二款规定的行为的,——

应当判处为期三年以上五年以下剥夺自由刑,附加或不附加判处没收财产刑。

四、实施本条第一款、第二款或者第三款规定的行为导致他人死亡或者极其严重后果的,——

应当判处为期四年以上七年以下剥夺自由刑,附加或不附加判处没收财产刑。

**第一百六十三条　亵渎坟墓**

一、亵渎坟墓的,——

应当判处为期二年以下矫正劳动刑,或者为期二年以下剥夺自由刑。

二、亵渎坟墓并随附盗窃坟墓上或者坟墓中的纪念碑或者其他物品,或者亵渎尸体的,——

应当判处为期五年以下剥夺自由刑。

**第一百六十四条　故意损毁、损坏或者毁弃历史和文化古迹**

故意损毁、损坏或者毁弃受到国家保护的历史、文化古迹或者自然遗址的,——

应当判处数额为法定基数值金额二十倍以上四十倍以下罚金刑,或者为期二年以下矫正劳动刑,或者为期二年以下剥夺自由刑。

# 第八编　危害人类和平与安全的犯罪

## 第二十一章　危害人类和平与安全的犯罪

**第一百六十五条　宣传战争**

一、宣传战争，即利用大众信息媒体或者使用其他手段号召实施侵略战争的，——

应当判处为期二年以下矫正劳动刑，或者为期五年以下剥夺自由刑。

二、实施上述行为具有下列情节之一的：

（一）再次实施的；

（二）由事先通谋的犯罪团伙或者有组织犯罪团伙实施的，——

应当判处为期五年以上八年以下剥夺自由刑。

**第一百六十六条　策划、准备、发动或者进行侵略战争**

一、策划或者准备发动侵略战争的，——

应当判处为期十年以上十五年以下剥夺自由刑。

二、发动或者实施侵略战争的，——

应当判处为期十五年以上二十五年以下剥夺自由刑。

**第一百六十七条　鼓吹发动侵略战争，公开号召进行侵略战争**

一、鼓吹发动侵略战争，公开号召进行侵略战争的，——

应当判处为期五年以下剥夺自由刑。

二、上述行为，利用大众信息媒体、电子或者信息通信网络，抑或通过互联网实施，或者由担任相应职务的公职人员实施的，——

应当判处为期三年以上七年以下剥夺自由刑，附加判处为期三年以下剥夺担任一定职务或者从事一定活动权利刑。

**第一百六十八条　生产、获取或者出售大规模杀伤性武器**

一、生产、获取或者出售核武器、化学武器、生物武器，以及土库曼斯坦缔结加入的国际条约所禁止的其他大规模杀伤性武器的，——

应当判处为期五年以上十年以下剥夺自由刑。

二、故意提供金融服务或者其他服务，以生产或者获取本条第一款规定的武器的，——

应当判处为期三年以上八年以下剥夺自由刑，附加判处没收财产刑。

**第一百六十九条　使用被禁止的作战手段和方法**

一、虐待战俘或者平民，驱赶平民离开自己的国家，在被占领领土上破坏或者掠夺国家财产，在武装冲突中使用土库曼斯坦缔结加入的国际条约中禁止使用的手段和方法的，——

应当判处为期十年以上十五年以下剥夺自由刑。

二、使用土库曼斯坦缔结加入的国际条约中禁止使用的大规模杀伤性武器的，——

应当判处为期十五年以上二十五年以下剥夺自由刑。

**第一百七十条　违反战争法规或者惯例**

一、强迫已经交出武器或者没有防护设备的人员、伤员、患者、船难受害者、医务人员、卫生人员、神职人员、战俘、被占领领土或者战区内的平民、其他在战争期间受到国际保护的人员，在敌对方武装部队服役或者强制迁移，抑或剥夺其接受独立和公正审判的权利，或者限制其在刑事诉讼程序中的辩护权利的，——

应当判处为期三年以上七年以下剥夺自由刑。

二、对本条第一款规定的人员造成严重人身伤害，或者对其实施酷刑，或者进行医学、生物或者其他实验，或者利用他们掩护己方部队或者设施不受军事行动的影响，或者作为人质劫持和扣留这些人员，或者劫持平民从事强制劳动的，——

应当判处为期五年以上十五年以下剥夺自由刑。

三、故意杀害本条第一款规定的人员的，——

应当判处为期十五年以上二十五年以下剥夺自由刑。

**第一百七十一条　武装冲突期间违反国际人道法的犯罪行为**

在武装冲突期间违反国际人道法的犯罪行为是指下列行为：

（一）使用可以被认定为具有过度伤害力或者滥杀滥伤效果的作战手段和方法；

（二）故意对自然环境造成广泛、长期和重大损害；

（三）以保护为目的袭击佩戴红十字和红新月标志的工作人员、建筑物、设施、运输设备和交通工具；

（四）在平民中利用饥饿作为作战行动的手段；

（五）招募未满十五周岁的人员加入武装部队或者允许他们参加军事行动；

（六）招募未满十八周岁的人员加入非国家武装力量的武装团体，或者作为这些武装团体的成员在军事行动中派遣他们；

（七）非因军事行动所需而对财产任意进行大规模地破坏或者侵占的；

（八）将非防御区和非军事区作为攻击目标；

（九）将受到保护的文物作为攻击目标或者大量毁坏或者盗窃，以及在没有军事必要性的情况下对这些财产进行摧毁；

（十）在没有军事必要性的情况下，利用被加强保护的文物或者其邻近区域支持军事行动，以及将这些文物或者其邻近区域作为攻击目标；

（十一）违反停战协议、停止或者中止军事行动协议或者为撤离、交换或者运送战场上的伤员与死者签订的地方协议；

（十二）攻击平民或者其部分人员；

（十三）明知会在平民中造成大量伤亡或者导致民用设施遭受巨大损失仍对平民或者民用设施进行滥杀滥伤性攻击；

（十四）明知会在平民中造成大量伤亡或者导致民用设施遭受巨大损失仍对具有危险性的设施实施攻击；

（十五）对明知不再直接参与军事行动的人员实施攻击；

（十六）将本国部分平民人口迁移到被占领地区；

（十七）无故拖延遣返战俘和平民；

（十八）在武装冲突中使用被土库曼斯坦缔结加入的国际条约所禁止的其他军事作战手段和方法，——

实施上述行为的，应当判处为期十年以上十五年以下剥夺自由刑。

**第一百七十二条　武装冲突期间不作为或者下达犯罪性的命令**

一、武装冲突期间，部队上级长官或者公职人员在其职权范围内故意不对下属采取所有可能的措施，以防止预备或者制止实施本法典第一百六十九条第二款、第一百七十条和第一百七十一条规定犯罪的，——

应当判处为期七年以上十五年以下剥夺自由刑。

二、武装冲突期间，部队上级长官或者公职人员明知是有关实施本条文第一款规定犯罪的命令或者指令仍对其下属下达不留任何活口的命令的，——

应当判处为期十年以上二十五年以下剥夺自由刑。

**第一百七十三条　非法使用国际条约保护的标识**

军事行动期间，违反国际条约的要求，故意使用红十字、红新月标识或者文物保护标志，或者其他国际法所保护的标志，或者使用中立国国旗，或者国际组织的旗帜或者标志的，——

应当判处为期五年以下剥夺自由刑。

**第一百七十四条　种族灭绝**

一、种族灭绝，即采取杀害其成员、造成身体严重伤害、强制迁徙、强制降低生育、强制转移儿童的手段，故意实施旨在全部或者部分消灭一个民族、种族、氏族或者宗教团体的行为，或者制造其他生存条件对该团体全部或者部分成员进行肉体灭绝的，——

应当判处为期十五年以上二十年以下剥夺自由刑。

二、在战争时期实施上述行为的，——

应当判处为期十五年以上二十五年以下剥夺自由刑。

**第一百七十五条　生态灭绝**

生态灭绝，即大规模地破坏动植物种群，毒害大气、土地或者水资源，以及其他导致或者可能导致生态灾难或者紧急生态状况的，——

应当判处为期三年以上八年以下剥夺自由刑。

**第一百七十六条　雇佣军**

一、招募、培训、资助或者向雇佣军提供其他物质保障，以及在武装冲突或者其他军事行动中动用雇佣军，或者在以暴力手段变更国家宪政秩序或者领土完整性的暴力行动中动用雇佣军的，——

应当判处为期五年以上十年以下剥夺自由刑，附加或不附加判处没收财产刑。

二、上述行为如果是针对未成年人实施，或者是在商业组织或者其他组织中履行管理职能的人员或者社会团体的负责人利用自身职务上的便利条件实施的，——

应当判处为期七年以上十五年以下剥夺自由刑，附加或不附加判处没收财产刑。

三、雇佣军参与武装冲突或者其他军事行动，或者参与其他旨在暴力变更国家宪政秩序或者侵犯领土完整性的暴力行动的，——

应当判处为期七年以上十年以下剥夺自由刑。

四、实施本条第三款规定的行为导致他人死亡或者造成极其严重后果的，——

应当判处为期十年以上二十五年以下剥夺自由刑，附加或不附加判处没收财产刑。

**附注：**

*雇佣军是指参与武装冲突、军事行动或者其他暴力行动的人员，为非介入武装冲突或者军事行动国家的公民，未长久居住于这些国家的境内，国家未对其授权执行公务的，以获取物质报酬为目的行事的人员。*

**第一百七十七条　招募雇佣军，建立专门的雇佣军训练场所**

一、利用大众信息媒体、电子或者信息通信网络、互联网招募雇佣军，或者是公职人员招募雇佣军，——

应当判处为期四年以下剥夺自由刑，附加判处为期三年以下剥夺担任一定职务或者从事一定活动权利刑。

二、明知是为了训练雇佣军而建立专门场所，或者明知为此目的仍提供建筑物或者土地，或者提供互联网服务的，——

应当判处为期五年以上十年以下剥夺自由刑，附加或不附加判处没收财产刑。

**第一百七十八条　在外国参与武装冲突或者军事行动**

土库曼斯坦公民在外国参与武装冲突或者军事行动，且不具有本法典第一百七十六条规定的犯罪特征的，——

应当判处为期三年以上八年以下剥夺自由刑，附加或不附加判处没收财产刑。

**第一百七十九条　攻击受国际保护的人员**

一、攻击受到国际保护的外国代表或者国际组织工作人员，以及攻击受到国际保护人员的办公场所、居住处所或者交通工具，以挑起战争或者使国际关系复杂化为目的的，——

应当判处为期五年以上十年以下剥夺自由刑。

二、实施上述行为具有下列情节之一的：

（一）再次实施的；

（二）由事先通谋的犯罪团伙或者有组织犯罪团伙实施的；

（三）使用武器实施的，——

应当判处为期八年以上十五年以下剥夺自由刑。

三、实施本条第一款或者第二款规定的行为导致他人死亡或者造成其他严重后果的，——

应当判处为期十年以上二十五年以下剥夺自由刑。

# 第九编　危害国家的犯罪

## 第二十二章　侵害宪政制度基础与国家安全的犯罪

**第一百八十条　背叛国家**

一、背叛国家，即土库曼斯坦公民在军事冲突期间故意投奔敌方，以及实施间谍活动、泄露国家机密或者以其他方式协助外国、国际与国外组织或者其代表，从事侵害土库曼斯坦国家利益的敌对活动的，——

应当判处为期十年以上二十五年以下剥夺自由刑。

二、战争时期实施上述行为的，——

应当判处为期十五年以上二十五年以下剥夺自由刑。

**附注：**

行为人实施本条以及本法典第一百八十一条和第一百八十四条规定犯罪的，如果自愿且及时向国家机关举报或者以其他方法协助预防对土库曼斯坦国家利益造成的侵害，在其行为中不具有其他犯罪构成的情况下，应当免除其刑事责任。

**第一百八十一条　间谍活动**

向其他国家、国际组织或者国外组织及其代表提供、收集、窃取或者以向其提供为目的，储存构成国家机密的信息，以及根据外国情报机构的指示提供和收集其他信息，以便用于损害土库曼斯坦国家利益的，如果这些行为是外国公民或者无国籍者实施的，——

应当判处为期十年以上二十五年以下剥夺自由刑。

**第一百八十二条　破坏活动**

一、破坏活动，即以破坏土库曼斯坦国家安全与防卫能力为目的，实施爆炸、纵火或者其他旨在大规模消灭民众，损害民众健康，破坏或者损毁企业、设施、通信通道与工具、通信手段、居民生活保障设施的行为，以及为同样目的进行大规模投毒或者传播传染病与兽疫的，——

应当判处为期八年以上十五年以下剥夺自由刑。

二、实施上述行为具有下列情节之一的：

（一）再次实施的；

（二）由事先通谋的犯罪团伙或者有组织犯罪团伙实施的；

（三）使用武器实施的，——

应当判处为期十年以上二十年以下剥夺自由刑。

三、实施本条第一款与第二款规定的行为导致他人死亡或者造成其他严重后果的，——

应当判处为期十年以上二十五年以下剥夺自由刑。

**附注：**

如果此前曾经实施过下述条文规定中的任何一项犯罪，应当认定为本法典第一百八十二条与第三百七十六条规定的再次犯罪。

**第一百八十三条　图谋夺取政权**

一、图谋以暴力夺取政权和（或者）以暴力更迭宪政秩序的，——

应当判处为期八年以上十五年以下剥夺自由刑。

二、实施上述行为导致他人死亡或者造成其他严重后果的，——

应当判处为期十年以上二十五年以下剥夺自由刑。

**第一百八十四条　夺取或者篡取国家权力**

一、违反《土库曼斯坦宪法》规定实施抢夺、篡取或者把持国家权力的行为，以及旨在暴力更迭土库曼斯坦宪政秩序的行为的，——

应当判处为期十五年以上二十五年以下剥夺自由刑。

二、其他国家、国际组织或者国外组织的代表行使土库曼斯坦授权机关或者公职人员职能的，——

应当判处数额为法定基数值金额五十倍以上一百倍以下罚金刑，或者为期四年以下剥夺自由刑。

**第一百八十五条　号召使用暴力手段更迭宪政秩序**

一、公开号召暴力夺取政权和（或者）以暴力手段更迭宪政秩序的，——

应当判处为期二年以下矫正劳动刑，或者为期三年以下剥夺自由刑。

二、上述行为，再次实施，或者由事先通谋的犯罪团伙或者有组织犯罪团伙实施，或者利用大众信息媒体或者信息通信网络，抑或通过互联网实施的，——

应当判处为期五年以下剥夺自由刑。

三、为实施本条第一款和第二款规定的行为提供金融资助和其他服务的，——

应当判处为期三年以上八年以下剥夺自由刑，附加判处没收财产刑。

**第一百八十六条　武装叛乱**

组织或者参与武装叛乱，以推翻或者暴力更迭土库曼斯坦的宪政制度，或者侵犯土库曼斯坦的国家统一、领土完整，以及不可侵犯性和不可剥夺性为目的，——

应当判处为期十二年以上二十年以下剥夺自由刑。

**第一百八十七条　旨在侵犯土库曼斯坦领土完整的行为**

一、宣传或者公开呼吁实施旨在破坏土库曼斯坦领土完整、不可侵犯性和不可剥夺性或者解体国家的行为，以及以传播为目的制作、储存，或者传播包含上述内容的材料的，——

应当判处数额为法定基数值金额一百倍以上二百倍以下罚金刑，或者为期四年以上七年以下剥夺自由刑。

二、利用大众信息媒体、电子或信息通信网络、互联网实施上述行为，或者在商业组织或者其他组织中履行管理职能的人员，或者社会团体的负责人利用自身职务上的便利条件实施，或者由事先通谋的犯罪团伙或者有组织犯罪团伙实施的，——

应当判处为期五年以上十年以下剥夺自由刑，附加判处为期三年以下剥夺担任一定职务或者从事一定活动权利刑。

三、实施旨在侵犯土库曼斯坦领土完整、不可侵犯性和不可剥夺性,或者解体国家的行为的,——

应当判处为期十年以上十五年以下剥夺自由刑。

**第一百八十八条　攻击土库曼斯坦总统**

一、侵害土库曼斯坦总统生命和健康的,——

应当判处为期十五年以上二十五年以下剥夺自由刑。

二、对土库曼斯坦总统进行侮辱或者诽谤的,——

应当判处为期五年以下剥夺自由刑。

**第一百八十九条　煽动社会、民族、种族、氏族、宗族、宗教仇恨或者不睦**

一、故意实施旨在煽动社会、民族、种族、氏族、宗族、宗教仇恨或者不睦的行为,贬低民族尊严,以及对个人与公民因在宗教信仰、社会、民族、氏族或者性别归属上的不同而鼓动排斥或者贬低的,——

应当判处数额为法定基数值金额二十倍以上四十倍以下罚金刑,或者为期三年以下剥夺自由刑。

二、利用大众信息媒体实施上述行为的,——

应当判处数额为法定基数值金额二十五倍以上五十倍以下罚金刑,或者为期二年以上四年以下剥夺自由刑。

三、实施本条第一款或者第二款规定的行为具有下列情节之一的:

(一)再次实施的;

(二)由事先通谋的犯罪团伙实施的;

(三)利用自身职务上的便利条件或者社会团体负责人的身份实施的,——

应当判处为期三年以上五年以下剥夺自由刑。

四、使用肢体暴力或者以要挟使用该暴力为手段实施本条第一款、第二款或者第三款规定的行为,以及由有组织犯罪团伙实施的,——

应当判处为期三年以上八年以下剥夺自由刑。

**第一百九十条　建立极端主义组织**

一、建立极端主义组织,以及该组织下属组织或者其分支机构的活动,法院对其下达有关将其认定为极端主义组织的判决且该判决已经产生法律效力的，或者领导该类组织的，——

应当判处为期五年以上十五年以下剥夺自由刑，附加判处为期三年以下剥夺担任一定职务或者从事一定活动权利刑。

二、招收他人参与极端主义组织活动，以及参与极端主义组织活动或者公开展示其标志的，——

应当判处为期三年以上十年以下剥夺自由刑，附加或不附加判处没收财产刑。

三、实施本条第一款或者第二款规定的行为，如果是通过招收未成年人，或者在商业组织或者其他组织中履行管理职能的人员或者社会团体的负责人利用自身职务上的便利条件实施的，——

应当判处为期八年以上十五年以下剥夺自由刑，附加判处为期三年以下剥夺担任一定职务或者从事一定活动权利刑。

**附注：**

行为人自愿停止参与极端主义组织活动的，如果其行为中不具有其他犯罪构成，则应当免除其刑事责任。

**第一百九十一条　公开呼吁实施旨在侵害土库曼斯坦国家安全的极端主义行动或者其他行动**

一、公开呼吁实施旨在侵害土库曼斯坦国家安全的极端主义行动或者其他行动，或者故意大规模散播极端主义材料，以及为大规模散播而制作或者存储这些材料的，——

应当判处数额为法定基数值金额一百倍以上二百倍以下罚金刑，或者为期四年以下剥夺自由刑。

二、利用大众信息媒体、电子或者信息通信网络抑或互联网实施上述行为的，——

应当判处为期五年以下剥夺自由刑，附加判处为期三年以下剥夺担任一定职务或者从事一定活动权利刑。

三、允许在印刷品上发布或者散播极端主义或者其他旨在侵害土库曼斯坦国家安全的极端主义材料或者其他材料,其中包括通过互联网在内的其他大众信息媒体实施的,——

应当判处为期三年以上五年以下剥夺自由刑,附加判处为期三年以下剥夺担任一定职务或者从事一定活动权利刑。

**第一百九十二条　资助极端主义**

一、明知是为保障极端主义组织的活动,对组织、预备或者实施极端主义的行为给予资助,以及提供、筹集资金,或者提供金融服务或者给予其他协助,其中包括在培训与物质技术上给予帮助,提供电话或者其他通信网络,或者提供信息服务的,——

应当判处数额为法定基数值金额五十倍以上一百倍以下罚金刑,或者为期三年以下剥夺自由刑,附加判处为期三年以下剥夺担任一定职务或者从事一定活动权利刑。

二、上述行为,由在商业组织或者其他组织中履行管理职能的人员或者社会团体的负责人利用自身职务上的便利条件实施,或者由事先通谋的犯罪团伙实施,或者提供数额巨大的资金支持的,——

应当判处数额为法定基数值金额一百倍以上二百倍以下罚金刑,或者为期六年以下剥夺自由刑,附加判处为期三年以下剥夺担任一定职务或者从事一定活动权利刑。

**附注:**

行为人实施本条规定之犯罪,如果及时向国家权力机关举报或者以其他方式协助预防极端主义行为以及极端主义组织活动,如果在其行为中不具有其他犯罪构成,应当免除其刑事责任。

**第一百九十三条　亵渎国家标志**

亵渎土库曼斯坦国旗、土库曼斯坦国徽或者土库曼斯坦国歌的,——

应当判处数额为法定基数值金额十倍以上三十倍以下罚金刑,或者为期二年以下矫正劳动刑,或者为期二年以下剥夺自由刑。

**第一百九十四条　非法获取、泄露和传播国家秘密**

一、通过窃取文件、对准许获取国家机密的人员或者其近亲属进行贿赂或者威胁、拦截通信、非法侵入计算机系统或者网络、使用专业技术手段或者其他非法手段收集构成国家机密的信息，以及散播通过非法手段获取的构成国家机密的信息，但不具有本法典第一百八十条（背叛国家罪）和第一百八十一条（间谍罪）规定的犯罪特征的，——

应当判处为期五年以下剥夺自由刑，附加判处为期三年以下剥夺担任一定职务或者从事一定活动权利刑。

二、行为人泄露因授权得知，抑或因职务或者工作关系获悉的、构成国家机密的信息，但不具有本法典第一百八十条（背叛国家罪）规定的犯罪特征的，——

应当判处为期三年以下剥夺自由刑，附加判处为期二年以下剥夺担任一定职务或者从事一定活动权利刑。

三、实施本条第一款和第二款规定的行为造成严重后果的，——

应当判处为期三年以上八年以下剥夺自由刑，附加判处为期三年以下剥夺担任一定职务或者从事一定活动权利刑。

四、以本条第二款规定的行为泄露构成官方机密的信息，造成严重后果的，——

应当判处数额为法定基数值金额二百倍以下罚金刑，附加判处为期二年以下剥夺担任一定职务或者从事一定活动权利刑，或者为期二年以下剥夺自由刑。

**第一百九十五条　遗失包含国家机密的文件、物品**

一、行为人遗失因职务或者工作原因对其委托的包含国家机密的文件或者计算机数据，以及其他相关信息构成国家机密的物品，如果该遗失行为是因违反上述文件、计算机数据或者物品的法定保管规定而造成的，——

应当判处为期二年以下矫正劳动刑或者为期二年以下剥夺自由刑，附加判处为期三年以下剥夺担任一定职务或者从事一定活动权利刑。

二、实施本条第一款规定的行为造成严重后果的，——

应当判处数额为法定基数值金额二百倍以下罚金刑，附加判处为期三年以下剥夺担任一定职务或者从事一定活动权利刑，或者为期二年以下矫正劳动刑,或者为期四年以下剥夺自由刑。

三、实施本条第一款规定的行为导致构成官方秘密的信息遗失而造成严重后果的,——

应当判处数额为法定基数值金额一百倍以下罚金刑,附加或不附加判处为期二年以下剥夺担任一定职务或者从事一定活动权利刑,或者为期一年以下矫正劳动刑,或者为期一年以下剥夺自由刑。

# 第十编　危害国家权力机关职能运行秩序的犯罪

## 第二十三章　危害国家公职利益的犯罪

**第一百九十六条　滥用职权**

一、滥用职权，即公职人员违背公务利益行使自身职权，如果该行为是基于贪利动机或者其他个人利益动机，并对公民、组织或者国家的权利和合法利益造成严重侵害的，——

应当判处数额为法定基数值金额三十倍以上七十倍以下罚金刑，附加或不附加判处为期三年以下剥夺担任一定职务或者从事一定活动权利刑，或者为期三年以上五年以下剥夺自由刑，附加或不附加判处为期三年以下剥夺担任一定职务或者从事一定活动权利刑。

二、实施上述行为造成严重后果的，——

应当判处数额为法定基数值金额七十倍以上二百倍以下罚金刑，附加或不附加判处为期三年以下剥夺担任一定职务或者从事一定活动权利刑，或者附加或不附加判处为期三年以下剥夺担任一定职务或者从事一定活动权利刑，附加判处为期五年以上八年以下在指定区域履行居住责任刑，或者为期八年以下剥夺自由刑，附加或不附加判处为期三年以下剥夺担任一定职务或者从事一定活动权利刑。

**附注：**

一、本章各条规定中的公职人员，是指在国家机关、地方自治机关、国有企业、机构或者组织中，以及军事力量、其他部队与军事单位中长期、临时或者全权履行权力机关代表职能，以及履行组织指挥、行政管理或者检查审计职能的人员。

二、本法典规定的公务人员，是指担任公务人员职务名册所列职位并为实现公共事务目标开展活动的人员。公务人员不包括在公共机关工作，提供技术服务或者履行辅助职能的人员。

三、依据土库曼斯坦立法规定程序，参与州、区、市人民委员会、议会选举的公民，作为公共职务候选人登记的公民，以及在法定基金中国家份额不少于百分之二十五的企业和组织中履行组织指挥、行政管理或者检查审计职能的公民，等同于本法典规定中的公务人员。

**第一百九十七条　腐败**

一、腐败，即一名或者多名身居要职的公职人员，以与部分人员或者团伙建立稳定的非法关系为手段，故意实施危害公共利益与国家利益的行为，滥用公务人员职权或者与之相关可能行使的权力的，以谋取钱款、贵重物品、其他财产或者财产性服务、其他财产权的形式为自己或者第三人谋取利益的，——

应当判处为期八年以上十五年以下剥夺自由刑，附加或不附加判处为期三年以下剥夺担任一定职务或者从事一定活动权利刑，附加判处没收财产刑。

二、有组织犯罪团伙或者犯罪集团为谋取利益而实施上述行为的，——

应当判处为期十二年以上二十年以下剥夺自由刑，附加或不附加判处为期三年以下剥夺担任一定职务或者从事一定活动权利刑，附加判处没收财产刑。

**附注：**

本法典第一百九十六条、第一百九十七条、第二百零三条至第二百零六条、第二百四十九条第三款第三项、第二百五十条第二款第三项及该条与其相关的第三款与第四款、第二百六十三条第二款第三项及该条与其相关的第三款、第二百六十六条、第二百七十六条第二款和第四款第三项及第四百零六条规定的行为，以获取钱款、贵重物品、其他财产或者财产性服务及其他财产权形式的利益为目的实施的，应当认定为与腐败有关的犯罪。

**第一百九十八条　违背誓言**

一、行为人担任公职、公务或者具有同等身份的人员，违背就职宣誓誓言滥用职权，如果实施该行为的目的在于贪利或者获取其他个人利益，造成对公民的权利与自由、社会与国家合法利益重大侵害的，——

应当判处为期五年以下剥夺担任一定职务或者从事一定活动权利刑，或者为期五年以下剥夺自由刑，附加或不附加判处为期三年以下剥夺担任一定职务或者从事一定活动权利刑。

二、实施上述行为造成严重后果的，——

应当判处为期五年以上十年以下剥夺自由刑，附加或不附加判处为期三年以下剥夺担任一定职务或者从事一定活动权利刑。

**第一百九十九条　逾越职权**

一、逾越职权，即公职人员实施明显超出其职权范围的行为，导致对公民、组织的权利与法定利益，抑或社会与国家受到法律保护的利益遭受严重侵害的，——

应当判处为期五年以下剥夺担任一定职务或者从事一定活动权利刑，或者数额为法定基数值金额二十倍以上四十倍以下罚金刑，或者为期二年以上矫正劳动刑，或者为期三年以下剥夺自由刑。

二、实施上述行为具有下列情节之一的：

（一）随附损害刑事被害人个人尊严的行为的；

（二）使用肢体暴力实施的；

（三）使用武器或者特殊手段实施的；

（四）造成严重后果的，——

应当判处数额为法定基数值金额五十倍以上二百倍以下罚金刑，附加判处为期三年以下剥夺担任一定职务或者从事一定活动权利刑，或者判处为期三年以下剥夺担任一定职务或者从事一定活动权利刑，附加判处为期五年以上八年以下在指定区域履行居住责任刑，或者为期三年以上八年以下剥夺自由刑，附加判处为期三年以下剥夺担任一定职务或者从事一定活动权利刑。

**第二百条　非法转让土地**

一、公职人员违反土地所有权转让土地的，其中包括未经法定程序登记将国家所有的土地进行转让出租或者利用，如果这些行为是基于贪利目的或者其他个人利益诉求的，——

应当判处数额为法定基数值金额二十倍以上一百倍以下罚金刑，附加判处为期三年以下剥夺担任一定职务或者从事一定活动权利刑，或者为期一年以下剥夺自由刑，附加判处为期三年以下剥夺担任一定职务或者从事一定活动权利刑。

二、实施本条第一款规定的行为具有下列情节之一的：

（一）再次实施的；

（二）由事先通谋的犯罪团伙实施的，——

应当判处数额为法定基数值金额五十倍以上一百五十倍以下罚金刑，附加判处为期三年以下剥夺担任一定职务或者从事一定活动权利刑，或者为期三年以下剥夺自由刑，附加判处为期三年以下剥夺担任一定职务或者从事一定活动权利刑。

**第二百零一条　酷刑**

一、酷刑，即公职人员或者其他以官方身份行使职权的人员，唆使或者经其同意或者默认而故意使某人遭受剧烈的身体疼痛或者精神折磨，以从该人或者第三人处获取信息或者供词，或者因该人或者第三人实施的行为、涉嫌实施的行为而对其予以惩罚，以及对该人或者第三人进行恐吓或者胁迫，或者基于任何歧视形式的任何理由实施的，——

应当判处为期三年以上八年以下剥夺自由刑，附加判处为期三年以下剥夺担任一定职务或者从事一定活动权利刑。

二、实施本条第一款规定的行为具有下列情节之一的：

（一）针对女性、未成年人或者具有明显残障状况的人员实施的；

（二）针对犯罪人明知处于孤立无助状态的人员或者利用刑事被害人处于无自卫能力的状态实施的；

（三）针对二人或者多人实施的；

（四）无事先通谋的二人或者多人，或者事先通谋的犯罪团伙实施的；

（五）鉴于该人执行公务或者履行社会责任而对其及其近亲属实施的；

（六）使用武器或者特殊手段实施（物品、装置、工具等）的；

（七）在战争或者战争威胁、国内政治不稳定或者其他任何紧急状态或者戒严状态下实施的，——

应当判处为期五年以上十年以下剥夺自由刑，附加判处为期三年以下剥夺担任一定职务或者从事一定活动权利刑。

三、实施本条第一款和第二款规定的行为导致过失致使刑事被害人死亡或者造成其他严重后果的，——

应当判处为期八年以上十五年以下剥夺自由刑，附加判处为期三年以下剥夺担任一定职务或者从事一定活动权利刑。

**附注：**

因公职人员的合法行为造成的剧烈疼痛或者精神折磨不应当认定为酷刑。

**第二百零二条　摄取公职人员权力**

非公职人员的公务人员，摄取公职人员权力，利用该权力实施导致公民、组织合法权益或者国家合法利益遭受严重侵害的行为的，——

应当判处数额为法定基数值金额十倍以上三十倍以下罚金刑，或者为期二年以下矫正劳动刑，附加或不附加判处为期三年以下剥夺担任一定职务或者从事一定活动权利刑。

**第二百零三条　受贿**

一、公职人员个人或者通过中间人收取钱款、有价证券、其他财产或者财产性利益等形式的贿赂，以使其行为（作为或者不作为）有利于行贿者或者其代表人员，如果该行为（作为或者不作为）属于公职人员的职权范围，抑或鉴于其职务地位可以影响该行为（作为或者不作为）的实施，——

应当判处为期五年以上八年以下在指定区域履行居住责任刑，附加判处为期三年以下剥夺担任一定职务或者从事一定活动权利刑，附加或不附加判处没收财产刑，或者为期八年以下剥夺自由刑，附加判处为期三年以下剥夺担任一定职务或者从事一定活动权利刑，附加或不附加判处没收财产刑。

二、实施上述行为具有下列情节之一的：

（一）再次实施的；

（二）由事先通谋的犯罪团伙或者有组织犯罪团伙实施的；

(三)担任职务的公职人员实施的;

(四)索要贿赂的;

(五)数额巨大的,——

应当判处为期五年以上十年以下在指定区域履行居住责任刑,附加或不附加判处没收财产刑;或者为期八年以上十五年以下剥夺自由刑,附加判处为期三年以下剥夺担任一定职务或者从事一定活动权利刑,附加或不附加判处没收财产刑。

三、实施本条第一款或者第二款规定的行为具有下列情节之一的:

(一)数额极其巨大的;

(二)由犯罪集团实施的,——

应当判处为期十年以上二十年以下剥夺自由刑,附加判处为期三年以下剥夺担任一定职务或者从事一定活动权利刑,附加或不附加判处没收财产刑。

**附注:**

一、数额较大的贿赂是指金额超过法定基数值一倍;数额巨大的贿赂是指金额超过法定基数值二百五十倍;数额极其巨大的贿赂是指有价证券、其他财产或者财产性利益的价值超过法定基数值五百倍。

二、此前曾经实施下述条文规定中的一个或者多个犯罪的,应当认定为本法典第二百零三条、第二百零四条与第二百零五条规定的再次犯罪。

**第二百零四条　行贿**

一、个人或者通过中间人向公职人员行贿数额较大的,——

应当判处数额为法定基数值金额五十倍以上一百倍以下罚金刑,附加或不附加判处没收财产刑,或者为期三年以上五年以下剥夺自由刑,附加或不附加判处没收财产刑。

二、再次实施上述行为的,——

应当判处数额为法定基数值金额三十倍以上六十倍以下罚金刑,附加或不附加判处没收财产刑,或者为期五年以上十年以下剥夺自由刑,附加或不附加判处没收财产刑。

**附注：**

行贿人存在被索要贿赂的情况，或者该人自愿向有权就行贿提起刑事诉讼的国家机关或者公职人员举报的，应当免除刑事责任。

**第二百零五条　斡旋受贿**

一、在受贿或者行贿时从中斡旋，即受行贿者或者受贿者委托直接转送贿赂的行为，抑或协助行贿人与受贿人达成或者执行关于收授贿赂协议的其他行为的，——

应当判处数额为法定基数值金额五十倍以上一百倍以下罚金刑，附加或不附加判处没收财产刑，或者为期二年以上五年以下剥夺自由刑，附加或不附加判处没收财产刑。

二、上述行为，再次实施，或者由公职人员实施的，——

应当判处数额为法定基数值金额三十倍以上六十倍以下罚金刑，附加或不附加判处没收财产刑，或者为期五年以上十年以下剥夺自由刑，附加或不附加判处没收财产刑。

**附注：**

行为人在行贿或者受贿时充当中间人起作用，自愿向有权提起刑事诉讼的机关或者公职人员举报的，应当免除刑事责任。

**第二百零六条　职务造假**

职务造假，即公职人员及非公职人员的公务人员，故意在正式文件中填写虚假信息，以及在上述文件中对真实内容进行歪曲化的更正，如果上述行为是出于贪利或者基于其他个人利益的动机实施的，——

应当判处数额为法定基数值金额三十倍以上七十倍以下罚金刑，附加或不附加判处为期三年以下剥夺担任一定职务或者从事一定活动权利刑，或者为期三年以下剥夺自由刑，附加或不附加判处为期三年以下剥夺担任一定职务或者从事一定活动权利刑。

**第二百零七条　玩忽职守**

一、玩忽职守，即公职人员因对待公务持草率或者疏忽态度，进而不履行或者不当履行自身职责的，如果该行为导致对公民、组织的权利与法定利益，抑或社会与国家受法律保护的利益遭受严重侵害，——

应当判处为期五年以下剥夺担任一定职务或者从事一定活动权利刑，或者数额为法定基数值金额十倍以上三十倍以下罚金刑，或者为期二年以下矫正劳动刑。

二、实施上述行为导致过失致使他人死亡或者造成其他严重后果的，——

应当判处数额为法定基数值金额二十倍以上一百倍以下罚金刑，附加或不附加判处为期三年以下剥夺担任一定职务或者从事一定活动权利刑，或者为期五年以下剥夺自由刑，附加或不附加判处为期三年以下剥夺担任一定职务或者从事一定活动权利刑。

## 第二十四章　破坏司法审判制度的犯罪

**第二百零八条　妨碍司法审判、审前调查或者预先侦查**

一、以任何形式干扰法院活动妨碍司法审判进行的，——

应当判处数额为法定基数值金额十倍以上二十倍以下罚金刑，或者为期四百八十个小时以下义务劳动刑，或者为期二年以下矫正劳动刑。

二、以任何形式干扰调查官、侦查官或者检察官的活动，妨碍对案件进行全面、完整与客观调查的，——

应当判处数额为法定基数值金额十倍以上二十倍以下罚金刑，或者为期四百八十个小时以下义务劳动刑，或者为期二年以下矫正劳动刑。

三、行为人利用自身职务上的便利条件实施本条第一款或者第二款规定的行为的，——

应当判处为期二年以下矫正劳动刑，或者为期二年以下剥夺自由刑，附加或不附加判处为期三年以下剥夺担任一定职务或者从事一定活动权利刑。

**第二百零九条　因从事司法审判或实施预先侦查而对其进行威胁或者实施暴力行为**

一、法官、陪审员、检察官、调查官、律师、鉴定人及其近亲属因参与法院对案件与材料的审查，抑或实施预先侦查或者调查而对上述人员进行死亡、伤害、毁灭或者损坏财产的威胁的,——

应当判处为期二年以下矫正劳动刑,或者为期二年以下剥夺自由刑。

二、本条第一款规定的人员因参与法院对案件或者材料的审查,抑或进行预先侦查或者调查而遭受不危及生命或者身体健康的暴力行为的,——

应当判处为期五年以下剥夺自由刑。

三、本条第一款规定的人员因参与法院对案件或者材料的审查,抑或进行预先侦查或者调查而遭受危及生命或者身体健康的暴力行为的,——

应当判处为期五年以上十年以下剥夺自由刑。

**第二百一十条　藐视法庭**

一、藐视法庭,即对参与司法审理的人员进行侮辱,抑或不服从主审法官命令的行为导致法庭审理中断的,——

应当判处数额为法定基数值金额十倍以上二十倍以下罚金刑,或者为期四百八十个小时以下义务劳动刑,或者为期一年以下矫正劳动刑。

二、实施上述行为,因法官或者陪审员从事司法活动而对其进行侮辱的,——

应当判处数额为法定基数值金额十五倍以上三十倍以下罚金刑,或者为期四百八十个小时以下义务劳动刑,或者为期二年以下矫正劳动刑。

**第二百一十一条　诽谤法官、陪审员、检察官、调查官或者侦查官**

一、因法官或者陪审员从事司法活动而对其予以诽谤的,——

应当判处数额为法定基数值金额二十倍以上四十倍以下罚金刑,或者为期四百八十个小时以下义务劳动刑,或者为期二年以下矫正劳动刑。

二、针对检察官、侦查官或者因履行预先侦查或者调查程序而进行调查的人员实施上述行为的,——

应当判处数额为法定基数值金额十五倍以上三十倍以下罚金刑,或者为期四百八十个小时以下义务劳动刑,或者为期二年以下矫正劳动刑。

三、实施本条第一款或者第二款规定的行为,与指控他人实施重度犯罪或者极其重度犯罪有关的,——

应当判处为期五年以下剥夺自由刑。

**第二百一十二条　故意对无辜者追究刑事责任**

一、故意对无辜者追究刑事责任的，——

应当判处为期三年以下剥夺自由刑。

二、实施上述行为，与指控他人实施重度犯罪或者极其重度犯罪有关的，——

应当判处为期三年以上十年以下剥夺自由刑。

**第二百一十三条　非法免除刑事责任**

检察官、侦查官或者调查官非法免除犯罪嫌疑人或者刑事被告人刑事责任的，——

应当判处为期五年以下剥夺自由刑。

**第二百一十四条　故意非法拘留、羁押或者监禁**

一、故意非法拘留的，——

应当判处为期五年以下剥夺担任一定职务或者从事一定活动权利刑，或者为期二年以下矫正劳动刑，或者为期一年以下剥夺自由刑。

二、故意非法羁押或者监禁的，——

应当判处为期三年以下剥夺自由刑。

三、实施本条第一款或者第二款规定的行为造成严重后果的，——

应当判处为期三年以上八年以下剥夺自由刑。

**第二百一十五条　从拘留或者剥夺自由刑的场所非法释放**

故意从拘留或者执行剥夺自由刑的场所非法释放，以及协助从拘留或者执行剥夺自由刑的场所脱逃的，——

应当判处为期五年以下剥夺自由刑。

**第二百一十六条　逼供**

一、检察官、侦查官或者进行调查的人员通过威胁、讹诈或者其他非法行为强迫犯罪嫌疑人、刑事被告人、刑事被害人、证人作证或者专家提供鉴定的，——

应当判处为期三年以下剥夺自由刑。

二、实施上述行为，与使用暴力或者对他人人格进行侮辱有关的，——

应当判处为期三年以上八年以下剥夺自由刑。

**第二百一十七条 故意下达非法的刑事判决、决定、裁定或者命令**

一、法官(多位法官)故意作出非法的刑事判决、决定、裁定或者命令的,——

应当判处为期五年以下剥夺自由刑。

二、上述行为与法院下达剥夺自由刑的非法刑事判决或者导致其他严重后果有关联的,——

应当判处为期三年以上十年以下剥夺自由刑。

**第二百一十八条 引诱行贿或者进行商业贿赂**

引诱行贿或者进行商业贿赂,即企图未经公职人员或者在商业组织或者其他组织中履行管理职能的人员同意向其交予钱款、有价证券、其他财产或者提供财产性服务,以人为制造犯罪证据或者进行敲诈为目的的,——

应当判处为期二年以下矫正劳动刑,或者为期三年以下剥夺自由刑。

**第二百一十九条 蓄意诬告**

一、蓄意诬告有关犯罪实施的,——

应当判处数额为法定基数值金额十倍以上三十倍以下罚金刑,或者为期二年以下矫正劳动刑,或者为期二年以下剥夺自由刑。

二、实施上述行为,与指控他人实施重度犯罪或者极其重度犯罪有关的,或者与腐败犯罪有关的,抑或人为制造指控证据,以及基于贪利目的实施的,——

应当判处为期二年以上七年以下剥夺自由刑。

**第二百二十条 故意提供虚假证词、专家意见或者错误翻译**

一、在调查、预先侦查阶段或者在法庭审理过程当中,证人或者刑事被害人故意提供虚假证词,专家故意提供虚假鉴定,以及翻译人员在相同场合下故意错误翻译的,——

应当判处数额为法定基数值金额十五倍以上三十倍以下罚金刑,或者为期一年以下矫正劳动刑,或者为期一年以下剥夺自由刑。

二、实施上述行为,与指控他人实施重度犯罪或者极其重度犯罪有关的,或者与腐败犯罪有关的,抑或人为制造指控证据,以及基于贪利目的实施的,——

应当判处数额为法定基数值金额三十倍以上五十倍以下罚金刑，或者为期二年以上五年以下剥夺自由刑。

**附注：**

证人、刑事被害人、鉴定人或者翻译在调查、预先侦查或者法庭审理过程中，在法院刑事判决或者法院决定下达之前，自愿声明有关其所提供的证词、鉴定不真实，或者故意进行错误翻译的，应当免除刑事责任。

**第二百二十一条　证人或者刑事被害人拒绝作证**

证人或者刑事被害人拒绝作证的，——

应当判处数额为法定基数值金额五倍以上十倍以下罚金刑，或者为期一年以下矫正劳动刑。

**附注：**

行为人在拒绝提供不利于自身或者其近亲属的证词时，不得被追究刑事责任。

**第二百二十二条　贿赂或者胁迫提供虚假证词、虚假鉴定或者错误翻译**

一、以促使犯罪嫌疑人、刑事被告人、证人、刑事被害人提供虚假供述为目的对这些人员进行贿赂，或者以促使鉴定人提供虚假鉴定或者虚假证词为目的进行贿赂，或者贿赂翻译以使其进行错误翻译的，——

应当判处数额为法定基数值金额十倍以上二十倍以下罚金刑，或者为期四百八十个小时以下义务劳动刑，或者为期二年以下矫正劳动刑。

二、强迫犯罪嫌疑人、刑事被告人、证人、刑事被害人提供虚假证词、鉴定人提供虚假鉴定或者翻译进行错误翻译，以讹诈、死亡威胁、身体伤害、毁灭或者损坏这些人员或者其近亲属财产为手段实施的，——

应当判处为期二年以下矫正劳动刑，或者为期二年以下剥夺自由刑。

三、使用不危及上述人员生命或者身体健康的暴力手段实施本条第二款规定的行为的，——

应当判处为期五年以下剥夺自由刑。

四、使用危及上述人员生命或者身体健康的手段实施本条第二款规定的行为，以及为指控实施腐败犯罪实施该行为的，——

应当判处为期三年以上八年以下剥夺自由刑。

**第二百二十三条　泄露预先侦查或者调查资料**

一、依据法定程序被警告不得泄露相关信息的人员未经检察官、侦查官或者实施调查的人员同意，泄露预先侦查或者调查资料的，——

应当判处数额为法定基数值金额十倍以上三十倍以下罚金刑，或者为期四百八十个小时以下义务劳动刑，或者为期二年以下矫正劳动刑。

二、实施上述行为造成严重后果的，——

应当判处为期五年以下剥夺自由刑。

**第二百二十四条　泄露官方资料**

一、刑事诉讼机关的工作人员泄露其受委托或者在服务或者工作中知悉的与揭发、制止或者侦查犯罪有关的信息的，——

应当判处为期五年以下剥夺担任一定职务或者从事一定活动权利刑，或者数额为法定基数值金额二十倍以上四十倍以下罚金刑，或者为期四百八十个小时以下义务劳动刑。

二、基于贪利目的或者基于其他个人利益实施上述行为的，——

应当判处为期五年以下剥夺自由刑。

三、实施本条第一款或者第二款规定的行为造成严重后果的，——

应当判处为期二年以上七年以下剥夺自由刑。

**第二百二十五条　针对被查封、扣押或者应当没收的财产实施的非法行为**

一、受托管理财产的人盗用、转让、隐藏或者非法转移被查封或者被扣押的财产，以及信贷组织的职员使用被扣押的资金(存款)从事银行业务的，——

应当判处数额为法定基数值金额二十倍以上四十倍以下罚金刑，或者为期二年以下矫正劳动刑，或者为期二年以下剥夺自由刑。

二、隐瞒或者侵占根据法院刑事判决应予没收的财产，以及以其他方式逃避对法院有关裁定执行没收财产刑的有效刑事判决予以执行的，——

应当判处数额为法定基数值金额二十五倍以上五十倍以下罚金刑，或者为期二年以下矫正劳动刑，或者为期二年以下剥夺自由刑。

**第二百二十六条　从剥夺自由刑的场所或者关押场所脱逃**

一、正在履行刑罚或者处于审前羁押的人员从剥夺自由刑场所或者关押场所脱逃的，——

应当判处为期三年以下剥夺自由刑。

二、实施上述行为具有下列情节之一的：

（一）再次实施的；

（二）由事先通谋的犯罪团伙或者有组织犯罪团伙实施的；

（三）使用危及他人生命或者身体健康的暴力手段实施的；

（四）使用武器或者其他作为武器使用的物体实施的，——

应当判处为期三年以上六年以下剥夺自由刑。

**第二百二十七条　蓄意逃避在指定区域履行居住责任刑**

被处刑人蓄意逃避在指定区域履行居住责任刑的，——

应当判处数额为法定基数值金额二十五倍以上五十倍以下罚金刑，或者为期三年以下剥夺自由刑。

**附注：**

蓄意逃避在指定区域履行居住责任刑，在本条规定中的含义为行为人此前曾一年两次因实施类似违法行为被处以行政处罚后实施逃避在指定区域履行居住责任。

**第二百二十八条　逃避履行剥夺自由刑**

被判处剥夺自由刑但被允许短期离开剥夺自由刑执行地点的人员逃避履行刑罚的，——

应当判处为期一年以下剥夺自由刑。

**第二百二十九条　不执行判决**

权力机关代表、公务人员以及商业组织或者其他组织职员不执行法院已经生效的刑事判决、决定、裁定或者命令的，以及阻碍其执行的，——

应当判处为期五年以下剥夺担任一定职务或者从事一定活动权利刑，或者数额为法定基数值金额十倍以上三十倍以下罚金刑，或者为期四百八十个小时以下义务劳动刑，或者为期二年以下矫正劳动刑。

**第二百三十条　隐瞒或者包庇犯罪**

一、隐瞒已经知道的有关预备实施或者正在实施重度犯罪或者极其重度犯罪的信息的，——

应当判处为期二年以下矫正劳动刑，或者为期五年以下剥夺自由刑。

二、事先承诺对重度犯罪或者极其重度犯罪进行窝藏的，——

应当判处为期二年以下矫正劳动刑，或者为期八年以下剥夺自由刑。

**附注：**

对有关近亲属实施犯罪的信息不予举报，或者不曾许诺藏匿的，不得追究其刑事责任。

## 第二十五章　危害管理秩序的犯罪

**第二百三十一条　对执法人员或者军职人员进行死亡威胁或者使用暴力**

鉴于执法人员、军职人员履行执法职责而对这些人员及其近亲属进行死亡威胁或者使用危及生命或者身体健康的暴力手段的，——

应当判处数额为法定基数值金额十倍以上三十倍以下罚金刑，或者为期二年以下矫正劳动刑，或者为期三年以上五年以下剥夺自由刑。

**第二百三十二条　非法成立社会团伙与其他组织并参与其活动**

一、创建下述政党、其他社会团体与宗教组织，以暴力更迭宪政制度为目的，在自身活动中允许使用暴力侵犯公民的宪法权利与自由，其中包括使用暴力或者其他手段损害公民健康，鼓吹战争、种族、民族与宗教仇恨，侵犯人民的健康与道德，以及煽动公民拒绝履行公民义务或者实施其他非法行为的，以及创建具有民族或者宗教色彩的政党，使用土库曼斯坦立法规定禁止使用的资金来源获取资助，或者领导其活动的，——

应当判处数额为法定基数值金额五十倍以上一百倍以下罚金刑，附加判处为期三年以下剥夺担任一定职务或者从事一定活动权利刑，或者为期五年以下剥夺自由刑。

二、积极参与本条第一款规定的社会团体或者其他团体的活动的，——

应当判处数额为法定基数值金额四十倍以上六十倍以下罚金刑，或者为期一年以下矫正劳动刑，或者为期一年以下剥夺自由刑。

**第二百三十三条　社会团体非法干涉国家机关的活动**

一、社会团体成员，包括宗教组织成员，使用暴力手段或者以要挟使用该暴力为手段干涉国家机关与其公职人员的合法活动或者篡取其职权，以及在国家机关内创建政治党派的，如果导致对公民或者组织的权利与法定利益，抑或社会与国家受法律保护的利益遭受严重侵害，——

应当判处数额为法定基数值金额二十五倍以上五十倍以下罚金刑，或者为期二年以下矫正劳动刑，或者为期一年以下剥夺自由刑。

二、本条第一款规定的行为由社会团体负责人，包括宗教组织负责人在内的人员实施的，——

应当判处数额为法定基数值金额三十倍以上六十倍以下罚金刑，附加或不附加判处为期三年以下剥夺担任一定职务或者从事一定活动权利刑，或者为期二年以下矫正劳动刑，或者为期二年以下剥夺自由刑。

**第二百三十四条　扰乱社会隔离保障机构的正常活动**

一、履行剥夺自由刑的人员或者被关押的人员对执行剥夺自由刑场所或者执行关押场所的工作人员使用暴力，以及上述人员对被处刑人员使用暴力旨在阻止其改过自新，或者因其履行社会义务而对其实施报复的，——

应当判处为期三年以上八年以下剥夺自由刑。

二、上述行为，再次实施或者由事先通谋的犯罪团伙或者有组织犯罪团伙实施的，抑或使用危及他人生命或者身体健康的暴力手段实施的，——

应当判处为期十年以上二十年以下剥夺自由刑。

**第二百三十五条　非法穿越土库曼斯坦国家边界**

一、无正式文件及必要许可，穿越受土库曼斯坦保护的国家边界的，——

应当判处为期二年以下矫正劳动刑或为期二年以下剥夺自由刑，附加或不附加判处为期一年以上三年以下在指定区域履行居住责任刑。

二、非法穿越受保护的土库曼斯坦国家边界的行为，再次实施或者由事先通谋的犯罪团伙或者有组织犯罪团伙使用暴力手段或者以要挟使用该暴力为手段实施的，——

应当判处为期五年以下剥夺自由刑，附加或不附加判处为期一年以上三年以下在指定区域履行居住责任刑。

**附注：**

本条规定的效力不及于下述情况，即外国公民或者无国籍者为依据《土库曼斯坦宪法典》规定行使政治庇护权，进而违反土库曼斯坦国境穿越规则进入土库曼斯坦境内，如果这些人员的行为中不具有其他犯罪构成。

**第二百三十六条　非法变更土库曼斯坦国家边界**

一、为非法变更土库曼斯坦国家边界而破坏、移动或者损毁边界标志的，——

应当判处为期二年以下矫正劳动刑，或者为期二年以下剥夺自由刑。

二、上述行为，再次实施或者由事先通谋的犯罪团伙或者有组织犯罪团伙实施，或者造成严重后果的，——

应当判处为期四年以下剥夺自由刑。

**第二百三十七条　组织非法移民**

一、组织外国公民或者无国籍者非法进入土库曼斯坦、在土库曼斯坦境内停留或者经土库曼斯坦过境的，——

应当判处数额为法定基数值金额三十倍以上六十倍以下罚金刑，或者为期三年以下剥夺自由刑。

二、实施上述行为具有下列情节之一的：

（一）由事先通谋的犯罪团伙实施的；

（二）以在土库曼斯坦境内实施犯罪为目的的，——

应当判处数额为法定基数值金额五十倍以上一百倍以下罚金刑，或者为期五年以下剥夺自由刑。

**第二百三十八条　针对官方文件或者国家奖励的非法行为**

购买、出售、交换或者以其他方式有偿转让授予权利或者免除义务的官方文件，以及土库曼斯坦、苏联或者土库曼斯坦苏维埃社会主义共和国颁发的国家奖励的，——

应当判处数额为法定基数值金额十倍以上二十倍以下罚金刑，或者为期四百八十个小时以下义务劳动刑，或者为期二年以下矫正劳动刑。

**第二百三十九条 盗窃、损毁、损坏或者隐藏文件、印章、公章或者表单**

一、基于贪利动机或者为谋取其他个人利益，偷窃、损毁、损坏或者隐藏官方文件、印章、公章或者表单的，——

应当判处数额为法定基数值金额十五倍以上三十倍以下罚金刑，或者为期二年以下矫正劳动刑，或者为期一年以下剥夺自由刑。

二、针对极其重要的文件、印章、公章或者表单实施上述行为的，抑或造成严重后果的，——

应当判处为期二年以下剥夺自由刑。

三、盗窃或者损毁，抑或损坏公民护照或者其他个人重要文件的，——

应当判处数额为法定基数值金额十倍以上二十倍以下罚金刑，或者为期二年以下矫正劳动刑，或者为期一年以下剥夺自由刑。

**第二百四十条 伪造、制作、出售或者使用伪造的证件、印章、公章、表单**

一、伪造文件或者其他授予权利或者免除义务的官方文件，以利用此类文件为目的，抑或出售此类文件的，抑或基于相同动机制作伪造的印章、公章或者表单，抑或出售的，——

应当判处为期二年以下矫正劳动刑，或者为期二年以下剥夺自由刑。

二、再次实施上述行为的，——

应当判处为期四年以下剥夺自由刑。

三、故意使用伪造的文件的，——

应当判处数额为法定基数值金额十倍以上二十倍以下罚金刑，或者为期一年以下矫正劳动刑，或者为期一年以下剥夺自由刑。

**第二百四十一条 逃避军役征召**

一、没有正当免除军役的理由逃避军役征召的，——

应当判处为期二年以下矫正劳动刑，或者为期二年以下剥夺自由刑。

二、通过伤害自身身体或者采取装病、伪造文件或者其他欺骗手段实施上述行为的，——

应当判处为期一年以上四年以下剥夺自由刑。

三、在征兵动员或者战争时期逃避征召军役的,——

应当判处为期三年以上十年以下剥夺自由刑。

**第二百四十二条　擅自分配公职人员头衔或者权力**

擅自分配公职人员头衔或者权力,并在此基础上实施任何社会危害行为的,——

应当判处为期二年以下矫正劳动刑,或者为期二年以下剥夺自由刑。

**第二百四十三条　蓄意违反行政监督规则**

一、以逃避行政监督为目的蓄意违反行政监督规则的,——

应当判处为期二年以下矫正劳动刑,或者为期一年以下剥夺自由刑。

二、自执行剥夺自由刑地点释放时对其指定执行行政监督的被监督者,以逃避行政监督为目的擅自离开监督居住地,以及在规定期限内无正当理由不在指定的行政监督居住地点停留的,——

应当判处为期一年以上三年以下剥夺自由刑。

**附注:**

本条第一款规定所指恶意违反行政监督规则是指一年内两次因相同的违法行为受到行政处罚的人员再次实施违反上述规则的行为。

**第二百四十四条　违反聚会、集会、游行和其他群众性活动的组织与举行程序**

在对其组织者因实施该行为接受行政处罚之后,违反聚会、集会、游行和其他群众性活动的组织与举行的法定程序的,——

应当判处数额为法定基数值金额五倍以上十倍以下罚金刑,或者为期四百八十个小时以下义务劳动刑,或者为期一年以下矫正劳动刑,或者为期半年(六个月)以下剥夺自由刑。

**第二百四十五条　在商船上非法悬挂土库曼斯坦国旗**

在无权悬挂土库曼斯坦国旗的商船上悬挂土库曼斯坦国旗的,——

应当判处数额为法定基数值金额二十五倍以上五十倍以下罚金刑,或者为期一年以下剥夺自由刑。

**第二百四十六条　非法使用各种标识**

非法使用红十字会和红新月会标志以及红十字会和红新月会名称的,——

应当判处数额为法定基数值金额十倍以上二十倍以下罚金刑,或者为期四百八十个小时以下义务劳动刑,或者为期一年以下矫正劳动刑。

# 第十一编　经济领域的犯罪

## 第二十六章　侵犯财产所有权的犯罪

**第二百四十七条　盗窃**

一、盗窃，即秘密获取他人财产，造成数额较大的损失的，——

应当判处数额为法定基数值金额十倍以上五十倍以下罚金刑，附加或不附加判处没收财产刑，或者为期四百八十个小时以下义务劳动刑，附加或不附加判处没收财产刑，或者为期一年以下矫正劳动刑，附加或不附加判处没收财产刑，或者为期三年以下剥夺自由刑，附加或不附加判处没收财产刑。

二、实施盗窃行为具有下列情节之一的：

（一）由事先通谋的犯罪团伙实施的；

（二）再次实施的；

（三）进入无人居住的场所或者物品储藏室的；

（四）采取信息技术手段实施的，——

应当判处数额为法定基数值金额三十倍以上六十倍以下罚金刑，附加或不附加判处没收财产刑，或者为期四百八十个小时以下义务劳动刑，附加或不附加判处没收财产刑，或者为期二年以下矫正劳动刑，附加或不附加判处没收财产刑，或者为期三年以上八年以下剥夺自由刑，附加或不附加判处没收财产刑。

三、实施盗窃行为具有下列情节之一的：

（一）造成数额巨大的损失的；

（二）由有组织犯罪团伙实施的；

（三）非法进入住宅的，——

应当判处为期六年以上十二年以下剥夺自由刑，附加或不附加判处没收财产刑。

四、实施盗窃行为具有下列情节之一的：

（一）造成数额极其巨大的损失的；

（二）由犯罪集团实施的，——

应当判处为期八年以上十五年以下剥夺自由刑，附加或不附加判处没收财产刑。

**附注：**

一、本法典中各条文规定的盗窃，是指以贪利为目的，非法、无偿地拿取他人财产及（或者）将其转给犯罪人或者其他人员，对财产所有人或者其他持有者造成损害。

二、本章各条文规定的数额较大，依据刑事被害人的财产状况及其对被盗财产的需求性确定，不得低于土库曼斯坦法定基数值金额的五倍，不得超过该基数值金额的二百五十倍。

本章各条文规定的数额巨大，应当认定为财产价值超过法定基数金额二百五十倍；数额极其巨大，应当认定为超过法定基数值金额五百倍。

在对受损金额进行计算时，基数值应当根据土库曼斯坦法律在犯罪实施时规定的法定基准值计算，对于连续犯罪或者持续犯罪，分别依据犯罪行为结束时或者最后一次犯罪实施时的时间计算。

三、实施本法典第二百四十七条至第二百五十四条规定的犯罪，此前曾经实施过一起或者多起的，以及再次实施本法典第三百二十条（盗窃或者勒索放射性材料或者核材料罪）、第三百二十六条（盗窃或者勒索武器、弹药、爆炸物或者爆炸装置罪）、第三百二十九条（盗窃或者勒索麻醉药品或者精神药物或者其前体罪）规定犯罪，应当认定为再次犯罪。

**第二百四十八条　轻微盗窃**

轻微盗窃，即侵占、挪用他人财产或者以欺诈手段占有他人财产数额较大的行为。行为人因实施这些违法行为被处以行政处罚后一年内再次实施的,——

应当判处数额为法定基数值金额二十倍以下罚金刑,或者为期四百八十个小时以下义务劳动刑,或者为期一年以下矫正劳动刑,或者为期一年以下剥夺自由刑。

**第二百四十九条　欺诈**

一、欺诈,即通过欺骗或者滥用信任的手段窃取他人财产或者取得他人财产权,造成数额较大的损失的,——

应当判处数额为法定基数值金额三十倍以上六十倍以下罚金刑,或者为期二年以下矫正劳动刑,或者为期二年以下剥夺自由刑。

二、实施欺诈行为具有下列情节之一的:

(一)由事先通谋的犯罪团伙实施的;

(二)再次实施的;

(三)采取信息技术手段实施的,——

应当判处数额为法定基数值金额五十倍以上一百倍以下罚金刑,或者为期一年以上二年以下矫正劳动刑,或者为期五年以下剥夺自由刑,附加或不附加判处没收财产刑。

三、实施欺诈行为具有下列情节之一的:

(一)造成数额巨大的损失的;

(二)由有组织犯罪团伙实施的;

(三)公务人员或者具有同等身份的人员利用自身职务上的便利条件实施的,——

应当判处数额为法定基数值金额一百倍以上一百五十倍以下罚金刑,或者为期六年以上十年以下剥夺自由刑,附加或不附加判处没收财产刑。

四、实施欺诈行为造成数额极其巨大的损失的,——

应当判处为期八年以上十五年以下剥夺自由刑,附加或不附加判处没收财产刑。

**第二百五十条　侵占或者盗用受托财产**

一、侵占或者盗用,即犯罪人盗窃他人委托其保管或者处于其管理之下的财产,数额较大的,——

应当判处数额为法定基数值金额三十倍以上六十倍以下罚金刑,附加或不附加判处为期三年以下剥夺担任一定职务或者从事一定活动权利刑,或者为期二年以下矫正劳动刑,附加或不附加判处为期三年以下剥夺担任一定职务或者从事一定活动权利刑,或者为期二年以下剥夺自由刑,附加或不附加判处为期三年以下剥夺担任一定职务或者从事一定活动权利刑。

二、实施上述行为具有下列情节之一的:

(一)由事先通谋的犯罪团伙实施的;

(二)再次实施的;

(三)公务人员或者具有同等身份的人员利用自身职务上的便利条件实施的,——

应当判处数额为法定基数值金额五十倍以上一百倍以下罚金刑,附加判处为期三年以下剥夺担任一定职务或者从事一定活动权利刑,附加或不附加判处没收财产刑,或者为期五年以上七年以下在指定区域履行居住责任刑,附加判处为期三年以下剥夺担任一定职务或者从事一定活动权利刑,附加或不附加判处没收财产刑,或者为期五年以下剥夺自由刑,附加判处为期三年以下剥夺担任一定职务或者从事一定活动权利刑,附加或不附加判处没收财产刑。

三、实施本条第一款或者第二款规定的行为具有下列情节之一的:

(一)造成数额巨大的损失的;

(二)公职人员滥用自身职务地位实施的,——

应当判处数额为法定基数值金额一百倍以上一百五十倍以下罚金刑,附加判处为期三年以下剥夺担任一定职务或者从事一定活动权利刑,附加或不附加判处没收财产刑,或者为期五年以上八年以下在指定区域履行居住责任刑,附加判处为期三年以下剥夺担任一定职务或者从事一定活动权利刑,附加或不附加判处没收财产刑,或者为期三年以上八年以下剥夺自由刑,附加判处为期三年以下剥夺担任一定职务或者从事一定活动权利刑,附加或不附加判处没收财产刑。

四、实施本条第一款、第二款或者第三款规定的行为具有下列情节之一的:

（一）造成数额极其巨大的损失的；

（二）由有组织犯罪团伙或者犯罪集团实施的，——

应当判处数额为法定基数值金额一百五十倍以上二百五十倍以下罚金刑，附加判处为期三年以下剥夺担任一定职务或者从事一定活动权利刑，附加或不附加判处没收财产刑，或者为期五年以上八年以下在指定区域履行居住责任刑，附加判处为期三年以下剥夺担任一定职务或者从事一定活动权利刑，附加或不附加判处没收财产刑，或者为期六年以上十二年以下剥夺自由刑，附加判处为期三年以下剥夺担任一定职务或者从事一定活动权利刑，附加或不附加判处没收财产刑。

**附注：**

一、行为人初次实施本条第一款、第二款、第三款规定犯罪的，如果对自然人、法人或者国家遭受的损害予以全额赔偿，并将所致损害金额的二倍数额缴入国家收入归公所有的，应当免除其相应犯罪的刑事责任。

二、行为人初次实施本条规定之犯罪的，如果协助侦破案件，并对所致损害予以全额赔偿，应当免除判处剥夺自由刑。

**第二百五十一条　抢夺**

一、抢夺，即公开侵占他人财产的，——

应当判处为期一年以上二年以下矫正劳动刑，或者为期三年以下剥夺自由刑。

二、实施抢夺行为具有下列情节之一的：

（一）由事先通谋的犯罪团伙实施的；

（二）再次实施的；

（三）非法进入无人居住的场所或者物品储藏室的；

（四）使用不危及刑事被害人生命或者身体健康的暴力，抑或以要挟使用该暴力为手段实施的；

（五）导致公民遭受数额较大的损失的，——

应当判处为期三年以上八年以下剥夺自由刑，附加或不附加判处没收财产刑。

三、实施抢夺行为具有下列情节之一的：

（一）数额巨大的；

（二）有组织犯罪团伙实施的；

（三）非法进入住宅的，——

应当判处为期六年以上十二年以下剥夺自由刑，附加或不附加判处没收财产刑。

四、实施抢夺行为具有下列情节之一的：

（一）造成数额极其巨大的损失的；

（二）由犯罪集团实施的，——

应当判处为期八年以上十五年以下剥夺自由刑，附加或不附加判处没收财产刑。

**第二百五十二条　抢劫**

一、抢劫，即使用危及他人生命或者身体健康的暴力，抑或以要挟使用该暴力为手段实施以盗窃他人财产为目的的攻击的，——

应当判处为期三年以上八年以下剥夺自由刑，附加或不附加判处没收财产刑。

二、实施抢劫行为具有下列情节之一的：

（一）由事先通谋的犯罪团伙实施的；

（二）非法进入无人居住的场所或者物品储藏室的；

（三）使用武器或者其他作为武器使用的物体实施的；

（四）再次实施的；

（五）导致公民遭受数额较大的损失的，——

应当判处为期五年以上十年以下剥夺自由刑，附加或不附加判处没收财产刑。

三、实施抢劫行为具有下列情节之一的：

（一）造成数额巨大的损失的；

（二）由有组织犯罪团伙实施的；

（三）非法进入住宅的，——

应当判处为期六年以上十二年以下剥夺自由刑，附加或不附加判处没收财产刑。

四、实施抢劫行为具有下列情节之一的：

（一）造成数额极其巨大的损失的；

（二）由犯罪集团实施的；

（三）导致刑事被害人身体健康遭受重度伤害的，——

应当判处为期八年以上十五年以下剥夺自由刑，附加或不附加判处没收财产刑。

**第二百五十三条　敲诈勒索**

一、敲诈勒索，即以对刑事被害人或者其近亲属使用暴力相要挟，抑或以损毁或者损坏他人财产，以及散布诋毁刑事被害人或者其近亲属的信息为手段，要求他人转让财产或者财产权的，——

应当判处为期二年以下矫正劳动刑，或者为期四年以下剥夺自由刑，附加或不附加判处没收财产刑。

二、实施上述行为具有下列情节之一的：

（一）由事先通谋的犯罪团伙实施的；

（二）再次实施的；

（三）使用暴力手段实施的；

（四）采取信息技术手段实施的，——

应当判处为期三年以上八年以下剥夺自由刑，附加或不附加判处没收财产刑。

三、实施敲诈勒索具有下列情节之一的：

（一）由有组织犯罪团伙或者犯罪集团实施的；

（二）导致刑事被害人身体健康遭受重度伤害的；

（三）为了获取数额巨大的财产的，——

应当判处为期五年以上十二年以下剥夺自由刑，附加或不附加判处没收财产刑。

**第二百五十四条　盗窃具有特殊价值的物品**

一、盗窃具有特殊历史、科学、艺术或者文化价值的物品或者文件，不计何种盗窃方式的，——

应当判处为期五年以上十年以下剥夺自由刑，附加或不附加判处没收财产刑。

二、实施上述行为且具有下列情节之一的：

（一）再次实施的；

（二）由有组织犯罪团伙或者犯罪集团实施的，——

应当判处为期八年以上十五年以下剥夺自由刑，附加或不附加判处没收财产刑。

**第二百五十五条　非法占有他人交通工具**

一、无盗窃（劫持）目的的非法占有他人交通工具的，——

应当判处数额为法定基数值金额十倍以上三十倍以下罚金刑，或者为期二年以下矫正劳动刑，或者为期三年以下剥夺自由刑。

二、实施上述行为具有下列情节之一的：

（一）再次实施的；

（二）由事先通谋的犯罪团伙实施的；

（三）使用不危及刑事被害人生命或者身体健康的暴力，抑或以要挟使用该暴力为手段实施的；

（四）造成数额巨大的损失的；

（五）进入物品储藏室内实施的，——

应当判处数额为法定基数值金额五十倍以上一百倍以下罚金刑，或者为期二年以上五年以下剥夺自由刑。

三、使用危及刑事被害人生命或者身体健康的暴力，抑或以要挟使用该暴力为手段实施本条第一款或者第二款规定的行为的，——

应当判处为期五年以上十年以下剥夺自由刑。

**第二百五十六条　故意损毁或者损坏财产**

一、故意损毁或者损坏他人财产造成较大损失的，——

应当判处数额为法定基数值金额五倍以上二十五倍以下罚金刑，或者为期二年以下矫正劳动刑，或者为期二年以下剥夺自由刑。

二、实施上述行为具有下列情节之一的：

（一）以纵火、爆炸或者其他危害社会安全的方法实施的；

（二）导致过失致使他人死亡或者造成其他严重后果的，——

应当判处为期三年以上八年以下剥夺自由刑。

**附注：**

致害金额超过土库曼斯坦立法规定基数值十倍以上的，应当认定为导致较大数额的损害。

**第二百五十七条　过失损毁或者损坏财产**

一、导致过失致使他人财产遭受数额较大的损毁或者损坏的，——

应当判处对所致损害担负赔偿责任刑或数额为法定基数值金额五倍以上十五倍以下罚金刑，或者为期四百八十个小时以下义务劳动刑，或者为期二年以下矫正劳动刑。

二、实施上述行为过失造成火灾或者成为其他高危状况根源或者导致严重后果的，——

应当判处数额为法定基数值金额十倍以上二十五倍以下罚金刑，或者为期四百八十个小时以下义务劳动刑，或者为期二年以下矫正劳动刑。

**附注：**

一、致害金额超过法定基数值七十五倍以上的，应当认定为导致数额巨大的损害。

二、行为人，自愿对所致损害予以全部赔偿的，应当免除本条规定的刑事责任。

**第二百五十八条　购买或者出售明知为犯罪所得的财产**

一、未做事先承诺购买或者保管明知是通过犯罪取得的财产的，——

应当判处数额为法定基数值金额十倍以上二十倍以下罚金刑，或者为期四百八十个小时以下义务劳动刑，或者为期一年以下矫正劳动刑。

二、实施上述行为数额巨大的，——

应当判处数额为法定基数值金额三十倍以上一百倍以下罚金刑,或者为期二年以下矫正劳动刑。

三、未做事先承诺出售明知是通过犯罪取得的财产的,——

应当判处数额为法定基数值金额四十倍以上一百倍以下罚金刑,或者为期二年以下矫正劳动刑,或者为期三年以下剥夺自由刑。

四、实施本条第三款规定的行为具有下列情节之一的:

(一)再次实施的;

(二)数额巨大的;

(三)由事先通谋的犯罪团伙或者有组织犯罪团伙实施的;

(四)由犯罪集团实施的,——

应当判处数额为法定基数值金额五十倍以上一百五十倍以下罚金刑,或者为期五年以下剥夺自由刑。

**附注:**

本条规定适用于明知通过犯罪所得的财产金额超过法定基数值五倍以上的情况。

## 第二十七章　危害经济活动运行秩序的犯罪

**第二百五十九条　妨碍合法的企业经营活动**

无合法理由拒绝注册或者逃避注册企业经营活动主体,无合法理由拒绝签发或者逃避签发从事某项经营活动的特别许可(营业执照),非法限制个体企业家或者商业组织的权利,以及对其活动进行非法干涉的,如果该行为是公职人员利用自身职务上的便利条件实施的,——

应当判处为期五年以下剥夺担任一定职务或者从事一定活动权利刑,或者数额为法定基数值金额五倍以上二十倍以下罚金刑,或者为期四百八十个小时以下义务劳动刑,或者为期二年以下矫正劳动刑。

**第二百六十条　非法的企业经营活动**

在必须具备特别许可(营业执照),或者违反许可证制度要求的情况下,未经登记及特别许可(营业执照)从事企业经营活动的,如果该行为获得数额极其巨大的收益,——

应当判处数额为法定基数值金额五十倍以上一百倍以下罚金刑,或者为期二年以下矫正劳动刑。

**附注:**

一、一年之内获得数额超过法定基数值五百倍以上金额的收入的,应当认定为本条规定的数额极其巨大的收益。

二、行为人初次实施本法典第二百六十条至第二百六十二条、第二百六十四条至第二百六十五条、第二百六十七条至第二百七十三条、第二百七十七条至第二百八十五条规定犯罪的,如已对自然人、法人或者国家所受损害给予充分赔偿,并将所致损害金额的二倍数额上交国家所有的,应当免除其相应犯罪的刑事责任。

**第二百六十一条　非法从事银行业务**

一、在必须具备特别许可(营业执照),或者违反许可证制度要求的情况下,未经登记及特别许可(营业执照)从事银行业务(银行业务)的,如果该行为导致公民、组织或者国家遭受巨大损害,抑或涉及数额巨大的收益,——

应当判处数额为法定基数值金额五十倍以上一百倍以下罚金刑,或者为期二年以下矫正劳动刑,或者为期一年以下剥夺自由刑。

二、实施上述行为具有下列情节之一的:

(一)由事先通谋的犯罪团伙或者有组织犯罪团伙实施的;

(二)获取数额极其巨大的收益的,——

应当判处数额为法定基数值金额一百倍以上二百倍以下罚金刑,或者为期三年以下剥夺自由刑,附加或不附加判处没收财产刑。

**附注:**

超过法定基数值一百倍以上的金额,应当认定为本条规定中数额巨大的损失或者数额巨大的收益。超过法定基数值五百倍以上的金额,应当认定为数额极其巨大的收益。

**第二百六十二条　虚假经营活动**

从事虚假经营活动即创建无意从事企业经营或者银行业务的商业组织，旨在获得信贷、免除税收、获取其他财产利益或者掩盖被禁止的活动，对公民、组织或者国家造成重大损害的，——

应当判处数额为法定基数值金额二十五倍以上七十五倍以下罚金刑，或者为期二年以下矫正劳动刑，或者为期一年以下剥夺自由刑。

**第二百六十三条　将犯罪所得资金或者其他财产合法化**

一、从事金融业务或者其他交易，涉及明知是通过犯罪手段获取的资金或者其他财产的，以及利用上述资金或者财产从事企业经营或者其他经济活动，以及隐瞒或者掩饰这些资金或者财产的非法来源，旨在对这些资金或者财产的持有、使用和支配合法化，抑或从这些行为中获取利润或者其他利益的，——

应当判处数额为法定基数值金额五十倍以上一百倍以下罚金刑，或者为期二年以下矫正劳动刑，或者为期三年以下剥夺自由刑。

二、实施上述行为具有下列情节之一的：

（一）再次实施的；

（二）由事先通谋的犯罪团伙或者有组织犯罪团伙实施的；

（三）公务人员或者具有同等身份的人员利用自身职务上的便利条件实施的，——

应当判处数额为法定基数值金额一百倍以上二百倍以下罚金刑，附加或不附加判处没收财产刑，或者为期二年以上五年以下剥夺自由刑，附加或不附加判处没收财产刑。

三、实施本条第一款和第二款规定的行为，涉及通过犯罪手段获得的数额巨大的资金或者其他财产的，——

应当判处为期三年以上八年以下剥夺自由刑，附加判处没收财产刑。

**附注：**

超过法定基数值一百倍以上的金额应当认定为本条规定所指通过犯罪手段获得数额巨大的资金和其他财产。

**第二百六十四条 非法信贷**

一、非法取得贷款，即个体企业家或者组织机构的负责人，通过向银行或者其他债权人提供有关个体企业家或者组织的经济状况或者财务状况的虚假信息，进而获得贷款或者优惠的信贷条件的，如果该行为导致债权人遭受数额巨大的损失，——

应当判处数额为法定基数值金额五十倍以上一百倍以下罚金刑，或者为期二年以下矫正劳动刑，或者为期二年以下剥夺自由刑。

二、非法获得国家专项贷款，或者对合法获得的国家专项贷款不专款专用的，如果该行为导致公民、组织或者国家遭受数额巨大的损失，——

应当判处数额为法定基数值金额一百倍以上二百倍以下罚金刑，或者为期二年以上五年以下剥夺自由刑。

**第二百六十五条 蓄意逃避应付账款**

组织机构的负责人、个体企业家或者公民在法院相关判决产生效力后或者法院裁定执行公证机关的执行记录后，蓄意逃避缴纳的应付账款数额巨大，或者逃避支付有价证券的，——

应当判处数额为法定基数值金额二十五倍以上七十五倍以下罚金刑，或者为期二年以下矫正劳动刑。

**附注：**

个体企业家或者公民的债务超过法定基数值一百倍以上的，组织机构的债务超过法定基数值二百倍以上的，应当认定为数额巨大的应付账款。

**第二百六十六条 垄断行为和限制竞争**

制定和维持垄断性高价格或者垄断性低价格，以及通过串通或者协调行动的手段限制竞争，旨在瓜分市场、限制市场准入、排除其他经济活动主体、制定或者维持单一价格的，如果这些行为在实施这些违法行为被处以行政处罚后一年内再次实施，或者使用暴力，抑或以要挟使用该暴力为手段实施，或者利用自身职务上的便利条件，或者由预先通谋的犯罪团伙或者有组织犯罪集团实施，——

应当判处数额为法定基数值金额五十倍以上一百倍以下罚金刑，或者为期一年以上三年以下剥夺自由刑。

**第二百六十七条 操纵有价证券市场**

一、操纵有价证券市场,即通过大众信息媒体、公共信息通信网络,以及其他任何方式传播虚假性或者误导性的信息,影响或者可能影响有价证券的供求关系、有价证券价格或者交易量,以及通过与同类有价证券在同一日内组织交易的有效价格具有显著差异的价格进行有价证券交易。在下述条件下,交易是以事先就此作出约定的个人或者其雇员的名义或者账户进行的,如果这些行为是基于贪利动机,或者基于其他个人利益诉求,造成其他有价证券市场交易参与者遭受巨大损失,——

应当判处数额为法定基数值金额二十倍以上四十倍以下罚金刑,或者为期二年以下矫正劳动刑。

二、实施上述行为具有下列情节之一的:

(一)再次实施的;

(二)利用自身职务上的便利条件实施的;

(三)由事先通谋的犯罪团伙或者有组织犯罪团伙实施的,——

应当判处数额为法定基数值金额二十五倍以上七十五倍以下罚金刑,或者为期二年以下矫正劳动刑,或者为期三年以下剥夺自由刑,附加或不附加判处没收财产刑。

**第二百六十八条 强迫交易或者拒绝交易**

一、以要挟使用暴力、毁灭或者毁坏他人财产为手段,或者以传播可能对刑事被害人或者其近亲属的权利与合法利益造成严重损害为手段,强迫对方进行交易或者拒绝进行交易的,在不具有敲诈勒索行为特征的情况下,——

应当判处数额为法定基数值金额二十五倍以上七十五倍以下罚金刑,或者为期二年以下矫正劳动刑,或者为期二年以下剥夺自由刑。

二、实施上述行为具有下列情节之一的:

(一)再次实施的;

(二)使用暴力手段实施的;

(三)由事先通谋的犯罪团伙或者有组织犯罪团伙实施的,——

应当判处数额为法定基数值金额五十倍以上一百五十倍以下罚金刑，或者为期五年以下剥夺自由刑。

**第二百六十九条　非法使用商标**

非法使用他人商标、服务标识、公司注册名称、商品产地造成数额巨大的损失的，——

应当判处数额为法定基数值金额二十五倍以上五十倍以下罚金刑，或者为期二年以下矫正劳动刑。

**第二百七十条　违反国家检验标志的制造与使用规定**

一、基于贪利或者其他个人利益的动机，非法制造、出售或者使用国家检验标志，以及伪造国家检验标志的，——

应当判处数额为法定基数值金额二十五倍以上七十五倍以下罚金刑，或者为期二年以下矫正劳动刑，或者为期二年以下剥夺自由刑。

二、上述行为，再次实施，或者由事先通谋的犯罪团伙或者有组织犯罪团伙实施的，——

应当判处数额为法定基数值金额四十倍以上一百倍以下罚金刑，或者为期五年以下剥夺自由刑。

**第二百七十一条　非法收集、披露或者使用商业机密或者银行保密信息**

一、通过盗窃文件、贿赂或者威胁掌握商业机密或者银行秘密的人员抑或其近亲属，以及拦截通信工具的手段，或者以其他非法手段入侵计算机系统或者网络收集构成商业机密或者银行秘密的信息，旨在非法披露或者利用这些信息的，——

应当判处数额为法定基数值金额二十五倍以上五十倍以下罚金刑，或者为期二年以下矫正劳动刑。

二、基于贪利或者其他个人利益的动机，未经持有者同意或者利用信息技术非法披露或者利用商业机密或者银行保密信息，造成数额巨大的损失的，——

应当判处数额为法定基数值金额五十倍以上一百倍以下罚金刑，或者为期二年以下矫正劳动刑。

**第二百七十二条　有价证券市场的内部交易**

一、基于贪利或者其他个人利益的动机，在有价证券市场进行内部交易，即未经发行人同意利用内部信息实施交易或者从事业务的，——

应当判处数额为法定基数值金额五十倍以上一百倍以下罚金刑，或者为期二年以下矫正劳动刑，或者为期一年以下剥夺自由刑。

二、实施上述行为具有下列情节之一的：

（一）由事先通谋的犯罪团伙或者有组织犯罪团伙实施的；

（二）获取数额极其巨大的收益的，——

应当判处为期三年以下剥夺自由刑，附加或不附加判处没收财产刑。

**附注：**

内幕信息是指非公开的信息，其中包括特定时间节点，以及有关发行人或者其所发行的有价证券的信息。如果上述信息是相应人员因自身职务的便利条件、劳动义务或者所签合同与其他有价证券市场参与者相比更具优势地位才能掌握的信息。

**第二百七十三条　有价证券发行舞弊**

在有价证券发行说明书中添加明知不真实的信息，以及批准含有明知不真实信息的发行说明书，或者批准明知不真实的发行结果而导致投资者遭受数额巨大的损失的，——

应当判处数额为法定基数值金额二十五倍以上五十倍以下罚金刑，或者为期二年以下矫正劳动刑。

**第二百七十四条　以出售为目的制造或者出售假币或者有价证券**

一、以出售为目的制造或者出售伪造的土库曼斯坦中央银行钞票、金属硬币、国家有价证券或者土库曼斯坦本国货币形式的其他有价证券，抑或外币或者外币有价证券的，——

应当判处为期三年以上十年以下剥夺自由刑，附加或不附加判处没收财产刑。

二、实施上述行为具有下列情节之一的：

（一）再次实施的；

（二）数额巨大的；

（三）由有组织犯罪团伙实施的，——

应当判处为期八年以上十五年以下剥夺自由刑，附加或不附加判处没收财产刑。

**附注：**

本条规定中制造或者出售伪造的银行钞票、金属硬币、国家有价证券、土库曼斯坦本币形式的其他有价证券、外币、外币有价证券金额超过法定基数值一百倍以上的，应当认定为数额巨大。

**第二百七十五条　以出售为目的制造或者出售伪造的信用卡、结算卡和其他支付凭证**

一、以出售为目的制造或者出售伪造的信用卡、结算卡和其他支付凭证的，——

应当判处为期五年以下剥夺自由刑。

二、上述行为，再次实施或者由事先通谋的犯罪团伙或者有组织犯罪团伙实施的，——

应当判处为期四年以上七年以下剥夺自由刑，附加或不附加判处没收财产刑。

**第二百七十六条　走私**

一、走私，即采取隐瞒海关，抑或欺诈性地使用文件或者海关检验方法，抑或采取不申报或者不实申报的手段，通过土库曼斯坦海关运送本条第三款规定之外、土库曼斯坦海关对其规定了特殊通关规则的商品和物品，数额巨大的，——

应当判处数额为法定基数值金额五十倍以上一百倍以下罚金刑，附加或不附加判处没收财产刑，或者为期二年以下剥夺自由刑，附加或不附加判处没收财产刑，或者为期三年以下剥夺自由刑，附加或不附加判处没收财产刑。

二、实施本条第一款规定的行为具有下列情节之一的：

（一）再次实施的；

（二）由事先通谋的犯罪团伙或者有组织犯罪团伙实施的；

（三）公职人员利用自身职务上的便利条件实施的或者由免受海关监管的人员实施的；

（四）对履行海关监管职责的人员使用暴力手段实施的，——

应当判处数额为法定基数值金额一百倍以上二百倍以下罚金刑，附加或不附加判处没收财产刑，或者为期三年以上五年以下剥夺自由刑，附加或不附加判处没收财产刑。

三、在土库曼斯坦海关规定特殊通关规则的情况下，通过土库曼斯坦海关运送麻醉药品、精神药物及麻醉药品、精神药物的前体，以及用于制造麻醉药品或者精神药物的工具，烈性、有毒有害性、放射性或者爆炸性物质，武器、爆炸装置、枪支或者弹药（滑膛猎枪及其弹药筒除外），核武器、化学武器、生物武器与其他大规模杀伤性武器，用于制造大规模杀伤性武器的设备和材料，以及数额巨大的含有盐酸曲马多（其他含有曲马多的产品）或者其他精神活性物质的药品，具有战略意义的重要原料商品、文化财产的，如果采取在海关监管之外运送或者隐瞒海关监管，抑或使用欺诈性文件或者在海关检验时进行欺诈的方法，抑或采取不申报或者不实申报的手段实施的，——

应当判处为期三年以上八年以下剥夺自由刑，附加或不附加判处没收财产刑。

四、实施本条第三款规定的行为具有下列情节之一的：

（一）再次实施的；

（二）由事先通谋的犯罪团伙或者有组织犯罪团伙实施的；

（三）公职人员利用自身职务上的便利条件实施的，或者由免受海关监管的人员实施的；

（四）对履行海关监管职责的人员使用暴力手段实施的，——

应当判处为期五年以上十年以下剥夺自由刑，附加或不附加判处没收财产刑。

**附注：**

一、实施本条第一款规定的行为，如果相应运送的商品价值超过法定基数值一百倍以上，应当认定为实施行为数额巨大。

二、含有盐酸曲马多(其他含有曲马多的产品)或者其他精神活性物质药品的清单及其巨大的数额,由土库曼斯坦的规范性法令予以确定。

三、如果是因为公民罹患疾病,患者本人、其近亲属或者其他人员根据医生处方和有关维持患者生命迫切需要的诊断证明进行申报,在正式入关的情况下,从国外通过土库曼斯坦海关携带含有强效物质*的药品入境的,不应当追究其刑事责任。

**第二百七十七条　非法贩卖贵重金属、天然宝石或者珍珠**

一、违反土库曼斯坦立法规定,从事与贵重金属、天然宝石或者珍珠有关的交易,以及以任何形式、状态非法运输或者寄送贵重金属、天然宝石或者珍珠的,珠宝首饰和家居用品以及此类物品的废料除外,——

应当判处数额为法定基数值金额五十倍以上一百倍以下罚金刑,或者为期二年以下矫正劳动刑,或者为期二年以下剥夺自由刑。

二、实施上述行为具有下列情节之一的:

(一)再次实施的;

(二)数额巨大的;

(三)由事先通谋的犯罪团伙或者有组织犯罪团伙实施的,——

应当判处数额为法定基数值金额七十五倍以上一百五十倍以下罚金刑,附加或不附加判处没收财产刑,或者为期二年以上五年以下剥夺自由刑,附加或不附加判处没收财产刑。

**附注:**

实施本条中规定的行为,如果非法贩运的贵重金属、天然宝石或者珍珠的价值超过法定基数值一百倍以上,应当认定为实施行为数额巨大。

**第二百七十八条　违反向国家上缴贵重金属与宝石的规定**

逃避向国家上缴地下开采的再生原料、矿物,以及发现的贵重金属或者宝石的义务,数额巨大的,——

应当判处数额为法定基数值金额二十五倍以上七十五倍以下罚金刑,或者

---

* 即含有对人体或环境具有强烈毒害效果的物质。——译者注

为期二年以下矫正劳动刑，或者为期一年以下剥夺自由刑。

**附注：**

本条规定中未向国家上缴的物品价值超过法定基数值金额五十倍以上的，应当认定为违反向国家上缴贵重金属和宝石的规定数额巨大。

**第二百七十九条　不当的破产行为**

一、隐瞒财产或者财产负债，以及有关财产状况、财产数额、所在地点或者其他相关财产信息的资料，将财产转移他人持有、处分或者损毁财产，以及隐瞒、销毁、伪造能够反映经济活动的会计凭证和其他核算凭证的，如果这些行为是由债务人组织的负责人或者管理者抑或个体企业家在破产时或者在破产预期阶段实施且造成数额巨大的损失的，——

应当判处数额为法定基数值金额五十倍以上一百倍以下罚金刑，或者为期二年以下矫正劳动刑。

二、债务人组织的负责人或者管理者，抑或个体企业家，知晓自己无力偿付的实际状况（破产），明知会对其他债权人造成损害，依旧非法对部分债权人的财产性要求予以满足，以及债权人知晓无偿还能力的债务人对其予以优待会对其他债权人造成损害但依旧予以接受，上述行为造成数额巨大的损失，——

应当判处数额为法定基数值金额二十五倍以上七十五倍以下罚金刑，或者为期二年以下矫正劳动刑。

**第二百八十条　蓄意破产**

蓄意破产，即商业组织的负责人或者所有者以及个体企业家，为了个人利益或者他人利益故意制造或者加大破产状况，导致数额巨大的损失或者造成其他严重后果的，——

应当判处数额为法定基数值金额五十倍以上一百倍以下罚金刑，或者为期二年以下剥夺自由刑。

**第二百八十一条　虚假破产**

虚假破产，即商业组织的负责人或者所有者以及个体企业家故意虚假宣布破产，目的在于误导债权人以延期或者分期向其偿还应付款项，或者减少债务，以及为不偿还债务，造成数额巨大的损害的，——

应当判处数额为法定基数值金额五十倍以上一百倍以下罚金刑,或者为期二年以下矫正劳动刑,或者为期二年以下剥夺自由刑。

**第二百八十二条　不返还境外的外汇资金**

组织机构的负责人不返还境外数额巨大的外汇资金,依据土库曼斯坦立法应当转入土库曼斯坦指定银行账户的,——

应当判处数额为法定基数值金额一百倍以上二百倍以下罚金刑,或者为期二年以下矫正劳动刑。

**附注:**

实施本条规定之行为,如果未返还的外汇资金数额超过法定基数值金额三千倍以上,应当认定为实行行为数额巨大。

**第二百八十三条　逃避缴纳关税**

逃避缴纳关税数额巨大的,——

应当判处数额为法定基数值金额二十五倍以上五十倍以下罚金刑,或者为期二年以下矫正劳动刑。

**附注:**

如果未缴纳的关税金额超过法定基数值一百倍以上,应当认定为逃避缴纳关税数额巨大。

**第二百八十四条　自然人逃避缴纳税款**

一、自然人故意隐瞒或者少报收入或者其他纳税项目,以及在纳税申报表、清算单据中故意歪曲数据,造成未缴纳税款数额巨大的,——

应当判处数额为法定基数值金额三十倍以上一百倍以下罚金刑,或者为期二年以下矫正劳动刑。

二、实施上述行为具有下列情节之一的:

(一)再次实施的;

(二)由事先通谋的犯罪团伙实施的;

(三)数额极其巨大的,——

应当判处数额为法定基数值金额五十倍以上一百五十倍以下罚金刑,或者为期二年以下矫正劳动刑,或者为期一年以下剥夺自由刑。

附注：

一、如果一年内未缴税款超过法定基数值二百五十倍以上，应当认定为自然人逃避缴纳税款数额巨大。

二、如果一年内未缴税款超过法定基数值五百倍以上，应当认定为自然人逃避缴纳税款数额极其巨大。

三、初次实施本条规定之犯罪的行为人，协助侦破案件，并对所致损害予以全额赔偿的，应当免除判处剥夺自由刑。

**第二百八十五条　组织机构逃税**

一、组织机构通过在财务文件中故意捏造收入或者支出数据、销毁财务文件、隐瞒其他纳税项目或者以其他方式实施逃避税收数额巨大的，——

应当判处数额为法定基数值金额五十倍以上二百倍以下罚金刑，附加判处为期三年以下剥夺担任一定职务或者从事一定活动权利刑，或者为期二年以下矫正劳动刑。

二、实施上述行为具有下列情节之一的：

（一）再次实施的；

（二）由事先通谋的犯罪团伙实施的；

（三）数额极其巨大的，——

应当判处数额为法定基数值金额一百倍以上二百倍以下罚金刑，附加或不附加判处为期三年以下剥夺担任一定职务或者从事一定活动权利刑，或者为期一年以下剥夺自由刑，附加判处为期三年以下剥夺担任一定职务或者从事一定活动权利刑。

附注：

一、如果一年内未缴税款超过法定基数值一千倍以上，应当认定为组织机构逃避缴纳税款数额巨大。

二、如果一年内未缴税款超过法定基数值二千五百倍以上，应当认定为组织机构逃避缴纳税款数额极其巨大。

三、初次实施本条规定之犯罪的公职人员，协助侦破案件，并对所致损害予以全额赔偿的，应当免除判处剥夺自由刑。

**第二百八十六条　欺骗消费者**

一、从事商品出售、工程施工及提供服务的人员，少量、少称、克扣数额巨大，在关于消费性质、商品质量（工作、服务）上进行误导，或者以其他方式欺骗消费者的，——

应当判处数额为法定基数值金额十五倍以上三十倍以下罚金刑，附加或不附加判处为期三年以下剥夺担任一定职务或者从事一定活动权利刑，附加或不附加判处没收财产刑，或者为期一年以下剥夺自由刑，附加或不附加判处为期三年以下剥夺担任一定职务或者从事一定活动权利刑，附加或不附加判处没收财产刑。

二、实施上述行为具有下列情节之一的：

（一）再次实施的；

（二）由事先通谋的犯罪团伙实施的，——

应当判处数额为法定基数值金额三十倍以上七十倍以下罚金刑，附加或不附加判处为期三年以下剥夺担任一定职务或者从事一定活动权利刑，附加或不附加判处没收财产刑，或者为期二年以下剥夺自由刑，附加或不附加判处为期三年以下剥夺担任一定职务或者从事一定活动权利刑，附加或不附加判处没收财产刑。

**附注：**

如果欺骗行为导致消费者遭受超过法定基数值金额十二倍以上损失，应当认定为欺骗消费者数额巨大。

**第二百八十七条　违反贸易规则**

一、违反既定规则，在国贸（公共餐饮）企业（组织）仓库、基地、商店、仓储地点出售商品，以及向购买者隐瞒商品的，——

应当判处数额为法定基数值金额二十倍以上四十倍以下罚金刑，附加判处为期三年以下剥夺担任一定职务或者从事一定活动权利刑，或者为期二年以上五年以下剥夺自由刑，附加判处为期三年以下剥夺担任一定职务或者从事一定活动权利刑，附加或不附加判处没收财产刑。

二、实施本条第一款规定的行为具有下列情节之一的：

（一）由有组织犯罪团伙实施的；

（二）数额极其巨大的，——

应当判处数额为法定基数值金额五十倍以上一百五十倍以下罚金刑，附加判处为期三年以下剥夺担任一定职务或者从事一定活动权利刑，附加或不附加判处没收财产刑，附加判处为期三年以下剥夺担任一定职务或者从事一定活动权利刑，附加或不附加判处没收财产刑。

**附注：**

一、出售或者隐瞒食品数额不少于法定基数值二十倍以上，其他商品不少于法定基数值五十倍以上的，应当认定为出售或者隐瞒商品数额巨大。

二、出售或者隐瞒食品数额不少于法定基数值五十倍以上，其他商品不少于法定基数值一百倍以上的，应当认定为出售或者隐瞒商品数额极其巨大。

**第二百八十八条　伪造邮票和通行证件**

以出售为目的制造或者出售明知是伪造的邮票、国际回信券*、印章机或者印章、印签，以及铁路、航运、航空或者公路交通运输的乘客通行证或者货物运送票证或者其他证明文件的，——

应当判处数额为法定基数值金额十倍以上五十倍以下罚金刑，或者为期二年以下矫正劳动刑，或者为期一年以下剥夺自由刑。

## 第二十八章　侵害商业组织与其他组织职务利益的犯罪

**第二百八十九条　滥用职权**

一、滥用职权，即在商业组织或者其他组织中履行管理职能的人员利用权力违背该组织的合法利益，为自己或者他人谋取利益或者特权，抑或对他人造成损害，如果该行为造成公民、组织或者国家的权利与合法利益遭受重大损害的，——

应当判处数额为法定基数值金额二十倍以上四十倍以下罚金刑，或者为期

---

* 国际回信券（International Reply Coupon，IRC）是由万国邮联发行的一种邮资凭据。——译者注

二年以下矫正劳动刑，或者为期二年以下剥夺自由刑。

二、实施上述行为造成严重后果的，——

应当判处数额为法定基数值金额五十倍以上一百倍以下罚金刑，或者为期四年以下剥夺自由刑。

**附注：**

一、本章各条规定的在商业组织或者其他组织中履行管理职能的人员，是指长期、临时或者经特别授权而在不计所有制形式的商业组织中，以及在非国家权力机关、地方自治机关、国家机构的非商业组织中履行组织指挥或者行政管理职责的人员。

二、实施本条或者本章其他条文规定的行为，造成非国有企业的商业组织遭受利益损害的，根据该组织的申诉或者其书面同意进行刑事追诉。

三、实施本条或者本章其他条文规定的行为，造成公民、其他组织或者国家的权利和合法利益遭受侵害的，根据基本规则进行刑事追诉。

**第二百九十条　贿赂**

一、贿赂，即非法向在商业组织或者其他组织中履行管理职能的人员转送钱款、有价证券、其他财产，以及非法向其提供财产性服务，以完成或者不完成该行为人应当或者能够利用自身职务上的便利条件实施对贿赂者有利的特定行为的，——

应当判处数额为法定基数值金额二十五倍以上七十五倍以下罚金刑，或者为期二年以下矫正劳动刑，或者为期一年以下剥夺自由刑。

二、实施上述行为具有下列情节之一的：

（一）再次实施的；

（二）由事先通谋的犯罪团伙实施的，——

应当判处数额为法定基数值金额五十倍以上一百倍以下罚金刑，或者为期三年以下剥夺自由刑。

**附注：**

本条规定的行为人在犯罪实施中具有过错的，如果是受到敲诈勒索，或者该行为人自愿向有权提起刑事案件的机关举报贿赂行为的，应当免除其刑事责任。

**第二百九十一条　收受非法酬劳**

一、在商业组织或者其他组织中履行管理职能的人员非法收受钱款、有价证券、其他财产，以及非法使用财产性质服务，以完成或者不完成该行为人应当或者能够利用自身职务上的便利条件实施对贿赂者有利的特定行为的，——

应当判处数额为法定基数值金额一百倍以上二百倍以下罚金刑，附加判处为期三年以下剥夺担任一定职务或者从事一定活动权利刑，或者为期二年以下矫正劳动刑，或者为期三年以下剥夺自由刑，附加或不附加判处没收财产刑。

二、上述行为，再次实施，或者由事先通谋的犯罪团伙实施，或者伴随敲诈勒索行为的，——

应当判处为期五年以下剥夺自由刑，附加或不附加判处没收财产刑。

**第二百九十二条　审计员、仲裁法官或者律师滥用权力**

审计员、仲裁法官或者律师违背自身业务宗旨，利用手中权力为自己或者他人谋取利益或者特权，抑或对他人造成损害，如果该行为造成公民、组织或者国家的权利与合法利益遭受重大损害的，——

应当判处数额为法定基数值金额五十倍以上一百五十倍以下罚金刑，附加判处为期三年以下剥夺担任一定职务或者从事一定活动权利刑，或者为期二年以下矫正劳动刑，或者为期三年以下剥夺自由刑，附加或不附加判处没收财产刑。

# 第十二编　危害社会安全与公共卫生的犯罪

## 第二十九章　危害社会安全与公共秩序的犯罪

### 第二百九十三条　恐怖主义

一、恐怖主义即实施爆炸、纵火或者其他造成生命危险、导致重大财产损毁或者出现其他社会危害后果的行为，如果实施这些行为的目的是扰乱社会安全、恐吓民众或者影响、挑起战争或者使权力机关、其他国家或者国际组织在采取决策时的国际关系复杂化以及以实施上述行为相要挟实现这些目的，——

应当判处为期五年以上十年以下剥夺自由刑，附加或不附加判处没收财产刑。

二、实施上述行为具有下列情节之一的：

(一)再次实施的；

(二)使用武器、爆炸物或者作为武器使用的爆炸装置，可能对人的生命和健康造成实际威胁的，——

应当判处为期七年以上十二年以下剥夺自由刑，附加或不附加判处没收财产刑。

三、实施本条第一款或者第二款规定的行为具有下列情节之一的：

(一)实施时使用或者威胁使用大规模杀伤性武器、放射性物质，或者以扩散毒害物质、流行病或者疫病相要挟，以及其他可能造成大规模人员死亡的行为的；

(二)造成人员死亡或者造成其他严重后果的；

（三）由事先通谋的犯罪团伙、有组织犯罪团伙或者犯罪集团实施的，——

应当判处为期十年以上二十五年以下剥夺自由刑，附加或不附加判处没收财产刑。

四、以扰乱社会安全、恐吓居民或者对土库曼斯坦国家机构、其他国家或者国际组织决策施加影响为目的蓄意侵害他人生命，以及以同样目的蓄意侵害国务要人或者公众人物的生命，以及为阻止上述人员从事国家活动或者其他政治活动，或者对这些活动进行报复，或者攻击受国际社会保护的个人或者组织、建筑物、构筑物，以及绑架人质，占领建筑物、构筑物、通信网络设备，劫持时蓄意侵害他人生命，以及劫持飞机、船只或者铁路机车车辆的，——

应当判处为期十五年以上二十五年以下剥夺自由刑，附加或不附加判处没收财产刑。

**附注：**

参与预备实施恐怖主义行动的行为人及时向权力机关发出警告或者以其他方式协助防止恐怖主义行动实施，如果在其行为中不包含其他犯罪构成的，应当免除刑事责任。

**第二百九十四条　资助恐怖主义**

一、资助恐怖主义，即明知将会用于资助组织恐怖主义活动或者实施恐怖主义活动，依旧为此筹集或者提供资金、物质技术或者其他物资，以及提供金融服务或者其他服务，以确保与恐怖分子、恐怖团伙、恐怖组织或者为达到上述目的创建的有组织犯罪团伙、非法武装团伙或者犯罪集团实施与恐怖行动相关或者无关的行为（作为或者不作为）的，——

应当判处为期四年以上十年以下剥夺自由刑，附加或不附加判处没收财产刑。

二、实施上述行为具有下列情节之一的：

（一）再次实施或者数额巨大的；

（二）由事先通谋的犯罪团伙实施的；

（三）在商业组织或者其他组织中履行管理职能的人员或者社会团体负责人员利用自身职务上的便利条件实施的，——

应当判处为期八年以上十五年以下剥夺自由刑,附加判处没收财产刑。

三、实施本条第一款或者第二款规定的行为具有下列情节之一的:

(一)数额极其巨大的;

(二)由有组织的犯罪团伙或者犯罪集团实施的,——

应当判处为期十二年以上十八年以下剥夺自由刑,附加判处没收财产刑。

**附注:**

一、本条规定的资助金额,超过法定基数值一百倍以上的,应当认定为实行行为数额巨大;超过法定基数值二百倍以上的,则应当认定为实行行为数额极其巨大。

二、实施本条规定之犯罪的行为人,因对其使用暴力手段或者以使用该暴力手段相要挟的,如果该行为人及时向国家权力机关举报,协助预防与侦查犯罪,且在其行为中不具有其他犯罪构成的情况下,应当免除其刑事责任。

**第二百九十五条　宣传恐怖主义或者公开号召实施恐怖主义行为**

一、宣传恐怖主义或者公开号召实施恐怖主义行为,以及为散播而制作、存储或者散播含有上述内容的材料的,——

应当判处为期三年以上七年以下剥夺自由刑,附加判处没收财产刑。

二、上述行为系由商业组织或者其他组织中履行管理职能的人员、事先通谋的犯罪团伙或者有组织犯罪团伙,利用大众信息媒体、电子或者信息通信网络或者互联网实施,抑或利用自身职务上的便利条件实施的,——

应当判处为期五年以上十年以下剥夺自由刑,附加判处没收财产刑。

**附注:**

实施本条规定之犯罪的行为人,因对其使用暴力手段或者以使用该暴力手段相要挟的,如果该行为人及时向国家权力机关举报,协助预防与侦查犯罪,且在其行为中不具有其他犯罪构成的情况下,应当免除其刑事责任。

**第二百九十六条　建立恐怖团伙和恐怖组织及领导并参与其活动**

一、建立恐怖团伙和恐怖组织,以及领导恐怖团伙和恐怖组织的,——

应当判处为期八年以上十五年以下剥夺自由刑,附加判处没收财产刑。

二、参与恐怖团伙与恐怖组织的活动,以及参与恐怖行动的,——

应当判处为期六年以上十二年以下剥夺自由刑，附加判处没收财产刑。

三、本条第一款或者第二款规定的行为是由在商业组织或者其他组织中履行管理职能的人员、社会团体负责人利用自身职务上的便利条件实施的，——

应当判处为期十年以上十五年以下剥夺自由刑，附加判处没收财产刑。

**第二百九十七条　招收、筹备恐怖主义和极端主义活动，或者为其提供武器**

一、为实施恐怖主义和极端主义活动，以合作或者其他方式招收人员并对其进行培训，或者提供武器的，——

应当判处为期六年以上十二年以下剥夺自由刑，附加判处没收财产刑。

二、本条第一款规定的行为，针对未成年人实施，或者由在商业组织或者其他组织中履行管理职能的人员、社会团体负责人利用自身职务上的便利条件实施的，——

应当判处为期八年以上十五年以下剥夺自由刑，附加判处没收财产刑。

**第二百九十八条　接受恐怖主义或者极端主义活动培训**

接受旨在传授实施明知为恐怖主义活动或者极端主义行为的经验与技能，其中包括在土库曼斯坦境外进行的培训的，——

应当判处为期三年以上七年以下剥夺自由刑。

**附注：**

实施本条规定之犯罪的行为人，如果自愿并及时地向国家权力机关举报有关接受培训的情况，以及协助查明接受该培训的人员以及实施、组织与资助培训的人员，如果在其行为中不具有其他犯罪构成，应当免除刑事责任。

**第二百九十九条　故意谎报恐怖主义行为**

故意谎报有关准备爆炸、纵火或者其他可能造成人员死亡、重大财产损毁或者产生其他社会危险后果的行为的，——

应当判处为期二年以下矫正劳动刑或者为期二年以下剥夺自由刑。

**第三百条　建立非法武装团体或者准军事组织，或者参与其活动**

一、建立土库曼斯坦立法未规定的武装团体或者准军事组织，以及领导该武装团体或者准军事组织的，——

应当判处为期三年以上八年以下剥夺自由刑。

二、参加非法武装团体或者准军事组织的活动的，——

应当判处为期二年以下矫正劳动刑，或者为期五年以下剥夺自由刑。

**附注：**

行为人自愿放弃参与非法武装团体或者准军事组织活动并上交武器与军事装备的，如果其行为中不具有其他犯罪构成，则应当免除刑事责任。

**第三百零一条　强盗行径**

一、以实施攻击为目的，创建固定的有组织武装团伙（匪帮）、领导或者参与该武装团伙（匪帮）的，——

应当判处为期十年以上二十五年以下剥夺自由刑，附加或不附加判处没收财产刑。

二、参加本条第一款规定的团伙或者参与其实施的攻击活动的，——

应当判处为期十年以上十五年以下剥夺自由刑，附加判处没收财产刑。

三、实施本条第一款或者第二款规定的行为，如果是行为人利用自身职务上的便利条件实施的，——

应当判处为期十五年以上二十五年以下剥夺自由刑，附加判处没收财产刑。

**第三百零二条　强占建筑物、构筑物、交通与通信设施**

一、强占建筑物、构筑物、交通与通信设施、其他交通通道或者对其进行扣押，威胁将其毁坏或者毁灭，以迫使国家、组织或者公民实施何种行动或者放弃实施何种行动作为归还被扣押物品条件的，——

应当判处为期三年以上七年以下剥夺自由刑。

二、实施上述行为具有下列情节之一的：

（一）在战争时期的；

（二）由事先通谋的犯罪团伙实施的；

（三）再次实施的；

（四）使用危及他人生命或者身体健康的暴力手段实施的；

（五）使用武器或者其他代替武器使用的工具实施的；

（六）以贪利动机或者雇用为目的实施的；

（七）针对国家机关或者企业实施的，——

应当判处为期七年以上十二年以下剥夺自由刑，附加或不附加判处没收财产刑。

三、实施本条第一款或者第二款规定的行为，导致过失致使他人死亡或者造成其他严重后果，或者由有组织犯罪团伙实施的，——

应当判处为期八年以上十五年以下剥夺自由刑，附加或不附加判处没收财产刑。

**第三百零三条　非法出口用于制造大规模杀伤性武器、其他武器和军事装备的原料、材料、设备、技术、科技信息以及非法从事相关工作和服务**

一、非法出口可用于制造大规模杀伤性武器、其运载工具、其他武器和军事装备的原料、材料、设备、技术、科技信息，对此规定特别出口管制的，以及非法从事相关工作和服务的，——

应当判处为期三年以上五年以下剥夺自由刑，附加或不附加判处没收财产刑。

二、上述行为，再次实施或者由事先通谋的犯罪团伙，或者有组织犯罪团伙实施的，——

应当判处为期五年以上八年以下剥夺自由刑，附加或不附加判处没收财产刑。

**第三百零四条　建立有组织犯罪团伙、犯罪集团及其他犯罪组织或者参与其活动**

一、为实施犯罪建立有组织犯罪团伙、犯罪集团及其他犯罪组织，其中包括跨国分支机构，以及公开号召建立上述组织，或者领导这些组织或者其分支机构的，——

应当判处为期八年以上十五年以下剥夺自由刑，附加判处没收财产刑。

二、参与本条第一款规定的犯罪组织的活动，——

应当判处为期五年以上十二年以下剥夺自由刑，附加判处没收财产刑。

三、本条第一款或者第二款规定的行为，如果是通过招用未成年人实施或者由在商业组织或者其他组织中履行管理职能的人员、社会团体负责人利用自身职务上的便利条件实施的,——

应当判处为期十年以上二十五年以下剥夺自由刑,附加判处没收财产刑。

四、创建本条第一款规定所指的犯罪组织领导人或者成员的联合组织,并协调该组织行动的,——

应当判处为期十二年以上十五年以下剥夺自由刑,附加判处没收财产刑。

五、领导本条第四款规定的联合组织,或者积极参加其活动的,——

应当判处为期十五年以上二十五年以下剥夺自由刑,附加判处没收财产刑。

**附注:**

实施本条规定之犯罪的行为人,自愿停止犯罪行为,协助预防、查明预备实施或者正在实施或者已经实施的犯罪,在其行为中不具有其他犯罪构成的情况下,应当免除刑事责任。

**第三百零五条　资助犯罪组织**

一、筹集或者提供资金、物质技术和其他物资,以及提供金融和其他服务,明知会用于资助非法武装团伙和准军事组织、固定的有组织武装团伙、有组织犯罪团伙、犯罪集团以及本法典第三百条、第三百零一条与第三百零四条规定的其他犯罪组织的,以及对组织实施上述犯罪行为的,——

应当判处为期三年以上七年以下剥夺自由刑,附加判处没收财产刑。

二、实施本条第一款规定的犯罪组织成员保管、处分财产,以及筹划其资助用途的,——

应当判处为期五年以上十年以下剥夺自由刑,附加判处没收财产刑。

三、本条第一款规定的行为,由在商业组织或者其他组织中履行管理职能的人员、社会团体负责人利用自身职务上的便利条件实施的,——

应当判处为期七年以上十二年以下剥夺自由刑,附加判处没收财产刑。

已对自然人、法人或者国家所受损害给予充分赔偿,并已向国家转移二倍于所受损害数额的资金的,免除其相应犯罪的刑事责任。

**附注:**

实施本条规定之犯罪的行为人,因对其使用暴力手段或者以使用该暴力手段相要挟的，如果该行为人及时国家权力机关举报，协助预防与侦查犯罪，且在其行为中不具有其他犯罪构成的情况下，应当免除其刑事责任。

**第三百零六条　大规模群体骚乱**

一、组织大规模群体骚乱，包括暴力、屠杀、纵火、毁坏财产、使用枪支、爆炸物或者爆炸装置，以及武装抵抗权力机关代表的，——

应当判处为期五年以上十五年以下剥夺自由刑。

二、参与本条第一款规定的大规模群体骚乱的，——

应当判处为期三年以上八年以下剥夺自由刑。

**第三百零七条　劫持或者扣押航空器、船只或者铁路机车车辆**

一、劫持航空器、船只或者铁路机车车辆，以及以劫持为目的扣押此类航空器、船只或者机车车辆的，——

应当判处为期三年以上八年以下剥夺自由刑。

二、实施上述行为具有下列情节之一的：

（一）由事先通谋的犯罪团伙实施的；

（二）再次实施的；

（三）使用危及他人生命或者身体健康的暴力，抑或以要挟使用该暴力为手段实施的；

（四）使用枪支的，——

应当判处为期五年以上十年以下剥夺自由刑。

三、本条第一款或者第二款规定的行为是由有组织犯罪团伙实施的，抑或导致过失致使他人死亡或者造成其他严重后果的，——

应当判处为期八年以上十五年以下剥夺自由刑。

**第三百零八条　非法占有平台**

一、非法劫持浮动式或者固定式平台，以实现对其控制为目的，以及在其中安装或者放置威胁其安全航行的爆炸装置或者其他装置，造成平台损坏或者损毁，以及为达到上述目标实施行为（作为或者不作为）的，——

应当判处为期三年以上八年以下剥夺自由刑，附加或不附加判处没收财产刑。

二、实施上述行为具有下列情节之一的：

（一）由事先通谋的犯罪团伙实施的；

（二）再次实施的；

（三）使用危及他人生命或者身体健康的暴力，抑或以要挟使用该暴力为手段实施的，——

应当判处为期五年以上十年以下剥夺自由刑，附加或不附加判处没收财产刑。

三、本条第一款和第二款规定的行为，如果由有组织犯罪团伙实施，抑或导致过失致使他人死亡或者造成其他严重后果的，——

应当判处为期八年以上十五年以下剥夺自由刑，附加判处没收财产刑。

**第三百零九条　封锁交通枢纽**

一、通过设置障碍物或者以其他方式故意封锁铁路、水路、航空或者公路运输线路以及干线管道运输，造成交通中断或者其他扰乱交通运输活动的，——

应当判处数额为法定基数值金额二十五倍以上五十倍以下罚金刑，或者为期二年以下矫正劳动刑。

二、上述行为危及人群生命与健康，或者由事先通谋的犯罪团伙实施的，——

应当判处为期二年以下矫正劳动刑，或者为期三年以下剥夺自由刑。

三、实施本条第一款或者第二款规定的行为导致发生意外事故或者造成其他严重后果的，——

应当判处为期五年以上十年以下剥夺自由刑。

**第三百一十条　流氓行为**

一、流氓行为，即二人或者多人无事先通谋，或者进行事先通谋的犯罪团伙对公众使用暴力，抑或以要挟使用该暴力为手段实施，以及使用损毁或者损坏他人财产的手段严重藐视社会，破坏公共秩序，抵抗权力机关代表或者其他履行维护公共秩序或者担负制止破坏公共秩序职责的人员的，——

应当判处数额为法定基数值金额二十倍以上五十倍以下罚金刑，或者为期一年以下矫正劳动刑，或者为期一年以上五年以下限制自由刑，或者为期三年以下剥夺自由刑。

二、上述行为，再次实施的或者使用能够危害人类身体健康的武器或者其他作为武器使用的物体实施的，——

应当判处数额为法定基数值金额三十倍以上七十五倍以下罚金刑，或者为期二年以下矫正劳动刑，或者为期五年以下剥夺自由刑。

**第三百一十一条　违反采矿、建筑或者其他施工安全规范**

一、在采矿、建筑或者进行其他施工时违反安全规范而过失造成他人身体健康遭受重度伤害的，——

应当判处数额为法定基数值金额十倍以上二十倍以下罚金刑，或者为期四百八十个小时以下义务劳动刑，或者为期二年以下矫正劳动刑，或者为期一年以下剥夺自由刑，附加或不附加判处为期三年以下剥夺担任一定职务或者从事一定活动权利刑。

二、上述行为导致过失致使他人死亡或者造成其他严重后果的，——

应当判处为期二年以上七年以下剥夺自由刑，附加或不附加判处为期三年以下剥夺担任一定职务或者从事一定活动权利刑。

**第三百一十二条　劣质施工**

一、建筑机构负责人、工程执行人与对建筑质量履行监管职责的公职人员将未完成施工或者不符合合同和项目文件规定条款的，施工质量低劣的建筑物、构筑物、公路、地下通道、发电厂、住宅或者其他建筑设施交付使用或者通过验收，以及对其进行不合格的维修工作进而导致过失致使他人身体健康遭受重度伤害的，——

应当判处数额为法定基数值金额一百倍以上二百倍以下罚金刑，附加或不附加判处为期二年以下剥夺担任一定职务或者从事一定活动权利刑，或者为期二年以下矫正劳动刑，或者为期二年以下剥夺自由刑。

二、上述行为导致过失致使他人死亡或者造成其他严重后果的，——

应当判处为期六年以下剥夺自由刑，附加或不附加判处为期三年以下剥夺担任一定职务或者从事一定活动权利刑。

三、实施本条第一款规定的行为，导致过失致使二人或者多人死亡的，——

应当判处为期三年以上八年以下剥夺自由刑，附加或不附加判处为期三年以下剥夺担任一定职务或者从事一定活动权利刑。

**第三百一十三条　违反建筑设计、城市规划与建筑活动领域内的规范和标准**

一、违反建筑设计、城市规划与建筑活动领域内的规范和标准，因此导致过失致使他人死亡或者造成其他严重后果的，——

应当判处为期六年以下剥夺自由刑，附加或不附加判处为期三年以下剥夺担任一定职务或者从事一定活动权利刑。

二、实施本条第一款规定的行为，导致过失致使二人或者多人死亡的，——

应当判处为期三年以上八年以下剥夺自由刑，附加或不附加判处为期三年以下剥夺担任一定职务或者从事一定活动权利刑。

**第三百一十四条　不认真完成鉴定工作或者提供工程服务**

一、不认真完成鉴定活动或者提供工程服务，进而导致过失致使他人死亡或者造成其他严重后果的，——

应当判处为期六年以下剥夺自由刑，附加或不附加判处为期三年以下剥夺担任一定职务或者从事一定活动权利刑。

二、实施本条第一款规定的行为，导致过失致使二人或者多人死亡的，——

应当判处为期三年以上八年以下剥夺自由刑，附加或不附加判处为期三年以下剥夺担任一定职务或者从事一定活动权利刑。

**第三百一十五条　从事航空活动时违反安全规范**

一、从事航空活动时违反安全规范，导致过失致使他人身体健康遭受重度伤害的，——

应当判处数额为法定基数值金额一百倍以上二百倍以下罚金刑，附加或不附加判处为期三年以下剥夺担任一定职务或者从事一定活动权利刑，或者为期二年以下矫正劳动刑，或者为期二年以下剥夺自由刑。

二、实施上述行为导致过失致使他人死亡或者造成其他严重后果的，——

应当判处为期六年以下剥夺自由刑，附加或不附加判处为期三年以下剥夺担任一定职务或者从事一定活动权利刑。

三、实施本条第一款规定的行为，导致过失致使二人或者多人死亡的，——

应当判处为期三年以上八年以下剥夺自由刑，附加或不附加判处为期三年以下剥夺担任一定职务或者从事一定活动权利刑。

**第三百一十六条　违反爆炸设施安全规则**

一、违反在爆炸设施或者爆炸车间内保障安全的规则可能导致他人死亡或者造成其他严重后果的，——

应当判处为期五年以下剥夺担任一定职务或者从事一定活动权利刑，或者数额为法定基数值金额十倍以上三十倍以下罚金刑，或者为期二年以下矫正劳动刑。

二、实施上述行为，导致过失致使他人死亡或者造成其他严重后果的，——

应当判处为期二年以上七年以下剥夺自由刑，附加或不附加判处为期三年以下剥夺担任一定职务或者从事一定活动权利刑。

**第三百一十七条　违反消防安全规则**

有义务遵守消防安全规则的人员违反该规则，因此导致过失致使他人身体健康遭受重度伤害或者致人死亡的，或者造成其他严重后果的，——

应当判处数额为法定基数值金额二十倍以上五十倍以下罚金刑，附加或不附加判处为期三年以下剥夺担任一定职务或者从事一定活动权利刑，或者为期二年以下矫正劳动刑，或者为期三年以下剥夺自由刑，附加或不附加判处为期三年以下剥夺担任一定职务或者从事一定活动权利刑。

**第三百一十八条　非法处理放射性材料或者核材料**

一、非法获取、储存、使用、转让、销毁、工业浓缩、改变状态、销毁或者散布放射性材料或者核材料的，——

应当判处为期二年以下剥夺自由刑。

二、实施上述行为，导致过失致使他人死亡或者造成其他严重后果的，——

应当判处为期五年以下剥夺自由刑，附加或不附加判处没收财产刑。

**第三百一十九条　违反放射性材料或者核材料管理条例**

违反放射性材料或者核材料的储存、转移、使用、记录、运输以及其他管理规则，导致放射性材料或者核材料的实物防护被破坏或者造成其他严重后果的,——

应当判处为期二年以上七年以下剥夺自由刑,附加或不附加判处没收财产刑。

**第三百二十条　盗窃或者勒索放射性材料或者核材料**

一、盗窃或者勒索放射性材料或者核材料的,——

应当判处为期二年以上七年以下剥夺自由刑,附加或不附加判处没收财产刑。

二、实施上述行为具有下列情节之一的:

(一)再次实施的;

(二)由事先通谋的犯罪团伙实施的;

(三)利用自身职务上的便利条件实施的;

(四)使用不危及他人生命或者身体健康的暴力,抑或以要挟使用该暴力为手段实施的,——

应当判处为期三年以上十年以下剥夺自由刑,附加或不附加判处没收财产刑。

三、盗窃或者勒索放射性材料或者核材料,使用危及他人生命或者身体健康的暴力,抑或以要挟使用该暴力为手段实施的,抑或由有组织的犯罪团伙或者犯罪集团实施的,——

应当判处为期六年以上十五年以下剥夺自由刑,附加判处没收财产刑。

**附注:**

实施本条以及本法典第三百二十六条和第三百二十九条规定的犯罪,如果此前曾经实施过一起或者多起这些条文规定的犯罪,以及本法典第二百四十七条至第二百五十四条与第二百九十三条至第三百零一条规定的犯罪的,应当认定为再次犯罪。

**第三百二十一条　违反爆炸物、易燃物或者烟火物品的管理规范**

违反爆炸物、易燃物或者烟火物品储存、记录、使用和运输的管理规范,以及非法通过邮件或者行李邮寄这些物品与产品,因此导致过失造成严重后果的,——

应当判处为期二年以上七年以下剥夺自由刑。

**第三百二十二条　非法获取、出售、储存、运输、邮寄或者携带武器、弹药、爆炸物或者爆炸装置**

一、非法获取、出售、储存、运输、邮寄或者携带枪支、弹药（滑膛猎枪及其弹药除外）、爆炸物或者爆炸装置的，——

应当判处为期五年以下剥夺自由刑。

二、上述行为，再次实施的或者由事先通谋的犯罪团伙实施的，——

应当判处为期二年以上七年以下剥夺自由刑。

三、本条第一款或者第二款规定的行为，由有组织犯罪团伙或者犯罪集团实施的，——

应当判处为期五年以上十年以下剥夺自由刑。

四、非法出售或者携带匕首、芬兰刀*或者其他冷兵器，包括投掷武器，以及非法出售毒气枪、喷雾器或者其他毒气武器的，——

应当判处数额为法定基数值金额二十五倍以上五十倍以下罚金刑，或者为期二年以下矫正劳动刑，或者为期二年以下剥夺自由刑。

**附注：**

行为人，自愿上交本条规定之物品的，如果在其行为中不具有其他犯罪构成，应当免除刑事责任。

**第三百二十三条　非法制造武器**

一、非法制造或者修理枪支及其零部件，以及非法制造弹药、爆炸物或者爆炸装置的，——

应当判处为期三年以下剥夺自由刑。

二、实施上述行为具有下列情节之一的：

（一）再次实施的；

（二）由事先通谋的犯罪团伙实施的，——

应当判处为期二年以上五年以下剥夺自由刑。

---

* 芬兰刀在欧洲被普遍使用，是与瑞士刀具有多种相似功能的刀具。——译者注

三、上述行为，由有组织犯罪团伙或者犯罪集团实施的，——

应当判处为期五年以上八年以下剥夺自由刑。

四、非法制造毒气武器、匕首、芬兰刀或者其他冷兵器，包括投掷武器的，——

应当判处为期二年以下矫正劳动刑，或者为期三年以下剥夺自由刑。

**附注：**

行为人自愿上交本条规定之物品的，如果在其行为中不具有其他的犯罪构成，应当免除刑事责任。

**第三百二十四条 疏忽枪支保管**

疏忽枪支保管，进而为他人使用创造条件并因此导致严重后果的，——

应当判处为期一年以下矫正劳动刑，或者为期一年以下剥夺自由刑。

**第三百二十五条 不当履行武器、弹药、爆炸物和爆炸装置的保管职责**

负责保护枪支、弹药、爆炸物或者爆炸装置的人员不当履行自身职责，因此导致上述物品被盗窃或者被破坏，抑或造成其他严重后果的，——

应当判处为期二年以下矫正劳动刑，或者为期二年以下剥夺自由刑。

**第三百二十六条 盗窃或者勒索武器、弹药、爆炸物和爆炸装置**

一、盗窃或者勒索枪支、枪支零部件、弹药、爆炸物或者爆炸装置的，——

应当判处为期三年以上八年以下剥夺自由刑。

二、实施上述行为具有下列情节之一的：

（一）由因其职务受托保管武器、弹药、爆炸物或者爆炸装置的人员实施的；

（二）再次实施的；

（三）由事先通谋的犯罪团伙实施的；

（四）使用不危及他人生命或者身体健康的暴力手段实施的，——

应当判处为期五年以上十年以下剥夺自由刑。

三、本条第一款或者第二款规定的行为由有组织犯罪团伙或者犯罪集团使用危及他人生命与健康的暴力手段实施的，——

应当判处为期八年以上十五年以下剥夺自由刑。

# 第三十章　危害公共卫生的犯罪

**第三百二十七条　以出售为目的非法制造、加工、获取、储存、运输、邮寄麻醉药品、精神药物或者其前体**

一、以出售为目的非法制造、加工、获取、储存、运输或者邮寄麻醉药品、精神药物或者其前体,以及非法出售的,——

应当判处为期五年以上十二年以下剥夺自由刑,附加或不附加判处没收财产刑,或者附加或不附加判处为期一年以上三年以下在指定区域履行居住责任刑。

二、上述行为再次实施的或者由预先通谋的犯罪团伙实施的,抑或目的在于获取数额巨大的麻醉药品、精神药物或者其前体的,——

应当判处为期八年以上二十年以下剥夺自由刑,附加或不附加判处没收财产刑,或者附加或不附加判处为期一年以上三年以下在指定区域履行居住责任刑。

三、本条第一款或者第二款规定的行为,由因其职务地位受托保管麻醉药品、精神药物或者其前体的人员,或者由有组织犯罪团伙或者犯罪集团实施的,以及这些行为的目的在于获取麻醉药品、精神药物或者其前体数额极其巨大的,——

应当判处为期十五年以上二十五年以下剥夺自由刑,附加或不附加判处没收财产州,或者附加或不附加判处为期一年以上三年以下在指定区域履行居住责任刑。

**附注:**

一、行为人自愿上交麻醉药品、精神药物或者其前体,并积极协助侦破或者制止与非法交易麻醉药品、精神药物或者其前体有关的犯罪,揭露犯罪人,查获犯罪所得财产的,依据本条第一款或者第二款规定免除刑事责任。

二、实施本法典第三百二十七条、第三百二十九条至第三百三十二条规定的犯罪,此前行为人曾经实施过上述条文中任何一起犯罪的,应认定为再次犯罪。

三、非法获取麻醉药品、精神药物或者其前体的巨大数额或者极其巨大数额，由土库曼斯坦规范性立法予以确定。

**第三百二十八条　不以出售为目的非法制造、加工、获取、储存、运输或者邮寄麻醉药品、精神药物或者其前体**

一、无出售目的，非法制造、加工、获取、储存、运输或者邮寄麻醉药品、精神药物或者其前体的，——

应当判处数额为法定基数值金额四十倍以上一百倍以下罚金刑，或者为期五年以下剥夺自由刑。

二、上述行为，再次实施的或者由事先通谋的犯罪团伙实施的，——

应当判处为期三年以上十年以下剥夺自由刑。

**附注：**

一、行为人自愿上交麻醉药品、精神药物或者其前体，并积极协助侦破或者制止与非法交易麻醉药品、精神药物或者其前体有关的犯罪，揭露犯罪人，查获犯罪所得财产的，应当免除该犯罪的刑事责任。

二、实施本条犯罪的行为人，如果此前曾经实施过本法典第三百二十七条至第三百三十二条规定的任何一起犯罪的，应当认定为再次犯罪。

**第三百二十九条　盗窃或者勒索麻醉药品、精神药物或者其前体**

一、盗窃或者勒索麻醉药品、精神药物或者其前体的，——

应当判处为期六年以上十二年以下剥夺自由刑，附加或不附加判处没收财产刑，或者附加或不附加判处为期一年以上三年以下在指定区域履行居住责任刑。

二、实施上述行为具有下列情节之一的：

（一）再次实施的；

（二）由事先通谋的犯罪团伙实施的；

（三）由因其职务地位受托保管麻醉药品、精神药物或者其前体的人员实施的；

（四）使用不危及他人生命或者身体健康的暴力手段实施的，——

应当判处为期七年以上十五年以下剥夺自由刑，附加或不附加判处没收财产刑，或者附加或不附加判处为期一年以上三年以下在指定区域履行居住责任刑。

三、本条第一款或者第二款规定的行为，由有组织犯罪团伙实施的，以及使用危及他人生命或者身体健康的暴力手段实施的，抑或上述行为的实施目的在于获取数额巨大的麻醉药品、精神药物或者其前体的，——

应当判处为期十年以上二十年以下剥夺自由刑，附加或不附加判处没收财产刑，或者附加或不附加判处为期一年以上三年以下在指定区域履行居住责任刑。

四、本条第一款、第二款或者第三款规定的行为，由犯罪集团实施的，抑或上述行为的实施目的在于获取数额极其巨大的麻醉药品、精神药物或者其前体的，——

应当判处为期十五年以上二十五年以下剥夺自由刑，附加或不附加判处没收财产刑，或者附加或不附加判处为期一年以上三年以下在指定区域履行居住责任刑。

**第三百三十条　非法种植含有麻醉物质的禁植作物**

一、种植或者培育罂粟、大麻或者其他含有麻醉物质的禁植作物，以及培育这些植物品种的，——

应当判处为期二年以下矫正劳动刑，附加或不附加判处为期一年以上三年以下在指定区域履行居住责任刑，或者为期二年以上五年以下剥夺自由刑，附加或不附加判处为期一年以上三年以下在指定区域履行居住责任刑。

二、实施上述行为具有下列情节之一的：

（一）再次实施的；

（二）由事先通谋的犯罪团伙实施的；

（三）数额巨大的，——

应当判处为期五年以上十年以下剥夺自由刑，附加或不附加判处为期一年以上三年以下在指定区域履行居住责任刑。

三、实施本条第一款或者第二款规定的行为，数额极其巨大的，——

应当判处为期十年以上十五年以下剥夺自由刑，附加或不附加判处为期一年以上三年以下在指定区域履行居住责任刑。

**第三百三十一条　引诱使用麻醉药品、精神药物**

一、引诱使用麻醉药品、精神药物的，——

应当判处为期五年以下剥夺自由刑，附加或不附加判处为期一年以上三年以下在指定区域履行居住责任刑。

二、实施上述行为具有下列情节之一的：

（一）再次实施的；

（二）针对未成年人实施的，或者针对二人或者多人实施的；

（三）使用肢体暴力或者以要挟使用该暴力为手段实施的，——

应当判处为期三年以上十年以下剥夺自由刑，附加或不附加判处为期一年以上三年以下在指定区域履行居住责任刑。

三、实施本条第一款或者第二款规定的行为，过失导致刑事被害人死亡或者对其身体健康造成严重伤害的，——

应当判处为期六年以上十二年以下剥夺自由刑，附加或不附加判处为期一年以上三年以下在指定区域履行居住责任刑。

**第三百三十二条　组织或者设置用于消费麻醉药品或者精神药物的窝点**

一、组织或者设置用于消费麻醉药品或者精神药物的窝点的，——

应当判处为期三年以上八年以下剥夺自由刑，附加或不附加判处为期一年以上三年以下在指定区域履行居住责任刑。

二、再次实施上述行为的，——

应当判处为期五年以上十年以下剥夺自由刑，附加或不附加判处没收财产刑，附加或不附加判处为期一年以上三年以下在指定区域履行居住责任刑。

三、为消费麻醉药品、精神药物提供场所的，——

应当判处为期三年以下剥夺自由刑，附加或不附加判处为期一年以上三年以下在指定区域履行居住责任刑。

**第三百三十三条　违反麻醉药品、精神药物或者其前体生产、获取、储存、记录、发放、运输或者邮寄规定**

对麻醉药品、精神药物或者其前体制造工具的生产、获取、储存、记录、发放、运输或者邮寄规定予以违反的行为，如果是由应当遵守上述规定的人员实施的，——

应当判处为期二年以下矫正劳动刑，附加或不附加判处为期三年以下剥夺担任一定职务或者从事一定活动权利刑。

**第三百三十四条　非法签发或者伪造有权获得麻醉药品、精神药物或者其前体的处方或者其他文件**

非法签发或者伪造有权获得麻醉药品、精神药物或者其前体的处方或者其他文件的，——

应当判处为期二年以下矫正劳动刑或者为期二年以下剥夺自由刑，附加或不附加判处为期三年以下剥夺担任一定职务或者从事一定活动权利刑。

**第三百三十五条　在大规模群体活动中组织使用麻醉药品或者精神药物**

在进行家庭庆典、宴会、游园会或者其他大规模群体活动中组织使用麻醉药品或者精神药物的，——

应当判处数额为法定基数值金额一百倍以上二百倍以下罚金刑，附加或不附加判处为期一年以上三年以下在指定区域履行居住责任刑，或者为期五年以下剥夺自由刑，附加或不附加判处为期一年以上三年以下在指定区域履行居住责任刑。

**第三百三十六条　非法交易烈性物质或者毒性物质**

一、以出售为目的非法制造、加工、取得、储存、运输或者寄送，以及非法出售麻醉药品或者精神药物以外的烈性物质与毒性物质的，——

应当判处为期二年以下矫正劳动刑，或者为期三年以下剥夺自由刑。

二、实施上述行为具有下列情节之一的：

（一）再次实施的；

（二）由事先通谋的犯罪团伙实施的，——

应当判处为期二年以上五年以下剥夺自由刑。

**第三百三十七条　违反烈性物质或者毒性物质的处理规则**

违反生产、获取、储存、记录、发放、运输或者邮寄麻醉药品或者精神药物以外的烈性物质或者毒性物质的规定导致上述物品被盗窃或者造成重大损害的，——

应当判处数额为法定基数值金额二十五倍以上七十五倍以下罚金刑，或者为期二年以下矫正劳动刑，附加或不附加判处为期三年以下剥夺担任一定职务或者从事一定活动权利刑，或者为期二年以下剥夺自由刑。

**第三百三十八条　非法贩运含有盐酸曲马多（其他含有曲马多的产品）或者其他精神活性物质的药物**

一、行为人曾在一年内因非法交易含有盐酸曲马多（其他含有曲马多的产品）或者其他精神活性物质的药物被处以行政处罚，以出售为目的非法制造、获取、储存、运输或者寄送数额巨大的含有盐酸曲马多（其他含有曲马多的产品）或者其他精神活性物质的药物，或者出售含有盐酸曲马多（其他含有曲马多的产品）或者其他精神活性物质的药物的，——

应当判处为期一年以上三年以下剥夺自由刑，附加或不附加判处没收财产刑。

二、实施本条第一款规定的行为具有下列情节之一的：

（一）再次实施的；

（二）由事先通谋的犯罪团伙实施的，——

应当判处为期三年以上八年以下剥夺自由刑，附加或不附加判处没收财产刑。

**附注：**

一、含有盐酸曲马多（其他含有曲马多的药品）或者其他精神活性物质的药物清单及其较大数额，由土库曼斯坦的规范性法令予以确定。

二、行为人自愿上交所持有的含有盐酸曲马多（其他含有曲马多的药品）或者其他精神活性物质的药物的，应当免除本条规定之行为的刑事责任。

三、实施本条犯罪的行为人，此前曾经实施本法典第三百二十七条至第三百二十九条、第三百三十八条规定的一起或者多起犯罪的，应当认定为再次犯罪。

**第三百三十九条　非法制造和出售自制烈性酒精饮品**

一、以出售为目的非法制作或者储存自制烈性酒精饮品，抑或以出售为目的制造或者存储自制烈性酒精饮品的生产装置,以及出售上述酒精饮品或者装置的,——

应当判处数额为法定基数值金额五十倍以上一百五十倍以下罚金刑,或者为期二年以下矫正劳动刑,附加或不附加判处没收财产刑,或者为期三年以下剥夺自由刑。

二、上述行为,再次实施的或者由事先通谋的犯罪团伙实施的,——

应当判处数额为法定基数值金额七十五倍以上二百倍以下罚金刑,附加或不附加判处没收财产刑,或者为期三年以上六年以下剥夺自由刑,附加或不附加判处没收财产刑。

**第三百四十条　非法提取、获取、出售蛇毒**

非法提取、获取或者出售蛇毒的,——

应当判处数额为法定基数值金额四十倍以上八十倍以下罚金刑,或者为期二年以下矫正劳动刑,或者为期二年以下剥夺自由刑,附加或不附加判处没收财产刑。

**第三百四十一条　以出售为目的制造、获取、储存、运输与邮寄咀嚼类毒品**

行为人在一年内因制造、获取、储存、寄送或者消费咀嚼类毒品曾两次被处以行政处罚措施的,再次以出售为目的制造、获取、储存、运输或者寄送数额巨大的咀嚼类毒品,或者出售咀嚼类毒品的,——

应当判处数额为法定基数值金额五十倍以上一百倍以下罚金刑,或者为期二年以下矫正劳动刑,或者为期一年以下剥夺自由刑。

**附注:**

一、本条所指的咀嚼类毒品的数额巨大,由土库曼斯坦规范性法令予以确定。

二、行为人自愿上交所持有的咀嚼类毒品的,应当免除对该犯罪规定的刑事责任。

**第三百四十二条　非法从事私人医疗或者私人制药活动**

一、行为人不具备特定活动类别经营许可,从事私人医疗或者私人制药活动,并因此导致过失致使他人身体健康遭受重度伤害的,——

应当判处数额为法定基数值金额四十倍以上一百倍以下罚金刑，附加判处为期三年以下剥夺担任一定职务或者从事一定活动权利刑，或者为期三年以下剥夺自由刑，附加或不附加判处为期三年以下剥夺担任一定职务或者从事一定活动权利刑。

二、实施本条第一款规定的行为，导致过失致使他人死亡的，——

应当判处为期五年以下剥夺自由刑，附加或不附加判处为期三年以下剥夺担任一定职务或者从事一定活动权利刑。

**第三百四十三条　违反卫生防疫条例**

一、违反卫生防疫条例，过失致使人类罹患大规模群体疾病或者中毒的，——

应当判处为期二年以下矫正劳动刑，或者为期二年以下剥夺自由刑。

二、实施本条第一款规定的行为，导致过失致使他人死亡的，——

应当判处为期五年以下剥夺自由刑。

**第三百四十四条　隐瞒有关危及人群生命或者身体健康状况的信息**

一、有义务向公众提供相关信息的行为人，隐瞒或者歪曲有关造成有害生态环境后果的事故、自然环境污染程度，以及其他有关造成群体生命或者身体健康危险的事件、事实或者现象的信息的，——

应当判处为期五年以下剥夺担任一定职务或者从事一定活动权利刑，或者数额为法定基数值金额十倍以上二十倍以下罚金刑，或者为期二年以下矫正劳动刑。

二、实施上述行为导致他人身体健康受到伤害或者造成其他严重后果的，——

应当判处数额为法定基数值金额五十倍以上一百倍以下罚金刑，或者为期三年以下剥夺自由刑，附加或不附加判处为期三年以下剥夺担任一定职务或者从事一定活动权利刑。

**第三百四十五条　生产或者出售商品、提供服务不符合安全要求**

一、生产或者出售商品、完成相关工作或者提供服务不符合消费者生命与健康的安全要求，以及非法签发或者使用证明上述相应商品、工作或者服务符合安全要求的官方文件,因此导致过失造成他人身体健康遭受伤害的,——

应当判处数额为法定基数值金额二十五倍以上七十五倍以下罚金刑,附加判处为期三年以下剥夺担任一定职务或者从事一定活动权利刑,或者为期二年以下剥夺自由刑。

二、实施上述行为,导致过失致使他人死亡或者二人或者多人身体健康遭受伤害的,——

应当判处数额为法定基数值金额四十倍以上一百倍以下罚金刑,或者为期五年以下剥夺自由刑。

## 第三十一章　生态犯罪

**第三百四十六条　违反施工过程中的生态安全规定**

有责任遵守相应规定的人员在工业、农业、科学与其他项目的设计、置放、建造、调试过程中违反环境保护规定,因此导致放射环境发生实质变化,造成他人身体健康伤害、大规模的动物死亡或者其他严重后果的,——

应当判处为期五年以下剥夺自由刑,附加或不附加判处为期三年以下剥夺担任一定职务或者从事一定活动权利刑。

**第三百四十七条　违反运输、储存和回收生态危险物质及废料的规定**

一、违反相应规定运输、储存、填埋或者回收有害人类生命或者身体健康的物质与废料,造成对人类健康或者周边环境遭受重大损害危险的,——

应当判处数额为法定基数值金额十倍以上二十倍以下罚金刑,或者为期二年以下矫正劳动刑。

二、实施上述行为导致周边环境污染、毒化或者传染、大规模动物死亡抑或危害人类健康的,——

应当判处为期三年以下剥夺自由刑。

三、实施本条第一款规定的行为导致过失造成人类罹患大规模群体疾病或者造成他人死亡的,——

应当判处为期三年以上八年以下剥夺自由刑。

**第三百四十八条　污染水源**

一、污染、堵塞、耗竭地表水源或者地下水源、饮用水供应水源，或者以其他方式改变其自然属性，因此导致动植物群种、鱼类种群、林业或者农业经济遭受重大损害的，——

应当判处为期五年以下剥夺担任一定职务或者从事一定活动权利刑，或者数额为法定基数值金额十倍以上三十倍以下罚金刑，或者为期二年以下矫正劳动刑。

二、实施上述行为导致过失造成他人身体健康伤害或者大规模的动物死亡，以及在自然资源保护区（禁伐区、禁猎区、禁渔区）或者季节性自然保护区（季节性禁伐区、禁猎区、禁渔区），抑或生态紧急事故区实施的，——

应当判处数额为法定基数值金额二十五倍以上七十五倍以下罚金刑，附加或不附加判处为期三年以下剥夺担任一定职务或者从事一定活动权利刑，或者为期三年以下剥夺自由刑。

三、实施本条第一款或者第二款规定的行为导致过失致使他人死亡的，——

应当判处为期二年以上五年以下剥夺自由刑。

**第三百四十九条　掠夺水利资源**

一、以开凿灌溉渠道、放开水闸、使用特殊装置以及其他手段和方法掠夺水利资源数额巨大的，——

应当判处数额为法定基数值金额五十倍以上一百倍以下罚金刑，或者为期二年以下矫正劳动刑。

二、上述行为系针对保护水利设施的人员使用暴力手段或者以要挟使用该暴力为手段实施，抑或导致灌溉设施损坏或者他人伤亡，或者造成其他严重后果的，——

应当判处为期五年以上十年以下剥夺自由刑。

**附注：**

本条规定中的损失数额巨大是指超过法定基数值金额七十五倍以上的损失。

**第三百五十条　违反供水标准**

一、造成城市供水中断或者农业用地内部排水系统状况不良，因此导致严重违反供水标准或者造成动植物群种的严重损害的，——

应当判处数额为法定基数值金额三十倍以上五十倍以下罚金刑，或者为期二年以下矫正劳动刑。

二、实施上述行为造成他人身体健康伤害或者大规模动物死亡、灌溉设施损坏或者其他严重后果的，——

应当判处数额为法定基数值金额五十倍以上一百倍以下罚金刑，或者为期三年以下剥夺自由刑。

三、上述行为系针对保护水利设施的人员使用暴力手段或者以要挟使用该暴力为手段实施的，抑或造成人员伤亡的，——

应当判处为期三年以上五年以下剥夺自由刑。

**第三百五十一条　大气污染**

一、因违反设备、工程或者其他设施的操作规则，造成空气污染或者其自然属性的其他变更的，如果上述行为导致自然环境遭受重大损害，——

应当判处为期五年以下剥夺担任一定职务或者从事一定活动权利刑，或者数额为法定基数值金额十倍以上三十倍以下罚金刑，或者为期四百八十个小时以下义务劳动刑，或者为期二年以下矫正劳动刑。

二、实施上述行为导致过失致使他人身体健康遭受伤害的，——

应当判处数额为法定基数值金额二十五倍以上七十五倍以下罚金刑，附加或不附加判处为期三年以下剥夺担任一定职务或者从事一定活动权利刑，或者为期三年以下剥夺自由刑。

三、实施本条第一款或者第二款规定的行为导致过失致使他人死亡的，——

应当判处为期二年以上五年以下剥夺自由刑。

**第三百五十二条　污染海洋环境**

一、通过陆地污染源污染土库曼斯坦内海或者领水以及公海水域，抑或违反填埋或者倾倒规定从交通工具或者海上搭建的人造建筑上倾倒有害于人类身体健康与海洋生物资源的物质、废物与材料的,——

应当判处为期五年以下剥夺担任一定职务或者从事一定活动权利刑,或者数额为法定基数值金额十倍以上三十倍以下罚金刑,或者为期四百八十个小时以下义务劳动刑,或者为期二年以下矫正劳动刑。

二、实施上述行为对人类的身体健康、动植物群种、渔业资源、周边环境、休闲区域或者其他受到法律保护的利益造成重大损害的,——

应当判处数额为法定基数值金额二十五倍以上七十五倍以下罚金刑,或者为期三年以下剥夺自由刑。

三、实施本条第一款或者第二款规定的行为导致过失致使他人死亡的,——

应当判处为期二年以上五年以下剥夺自由刑。

**第三百五十三条　违反大陆架法**

一、在土库曼斯坦的大陆架上非法建造建筑物和其他设施,在其周围或者在土库曼斯坦专属经济区内非法建立安全区,以及违反建造、使用、保护和拆除此类建筑物、设施确保海上通航的安全规则的,——

应当判处数额为法定基数值金额十倍以上三十倍以下罚金刑,或者为期四百八十个小时以下义务劳动刑,或者为期二年以下矫正劳动刑。

二、未获相应许可对土库曼斯坦大陆架或者土库曼斯坦专属经济区的自然资源进行研究、勘探和开发的,——

应当判处数额为法定基数值金额二十倍以上四十倍以下罚金刑,附加或不附加判处为期三年以下剥夺担任一定职务或者从事一定活动权利刑,或者判处或不判处为期四百八十个小时以下义务劳动刑,或者为期二年以下矫正劳动刑。

**第三百五十四条　破坏土壤**

一、违反化肥、农药、植物生长促进剂与其他危险的化学物质或者生物物质保管、使用与运送的处理规定,导致经济活动或者其他活动中的有害产品污染、毒化土壤,或者导致土壤受到其他损害,造成周围自然环境或者农业经济损害的,——

应当判处数额为法定基数值金额十倍以上三十倍以下罚金刑,或者为期四百八十个小时以下义务劳动刑,或者为期二年以下矫正劳动刑。

二、实施上述行为导致过失致使他人身体健康遭受伤害,以及在生态灾区或者生态紧急事故区实施的,——

应当判处数额为法定基数值金额二十五倍以上七十五倍以下罚金刑,附加判处为期三年以下剥夺担任一定职务或者从事一定活动权利刑,或者为期三年以下剥夺自由刑。

三、实施本条第一款或者第二款规定的行为导致过失致使他人死亡的,——

应当判处为期二年以上五年以下剥夺自由刑。

**第三百五十五条　擅自侵占土地**

以获得收成为目的,擅自侵占、开垦和播种农民协会、农民农场及其他土地使用者的土地,因此对公民、组织或者国家造成重大损害,抑或为获取数额巨大的收益或者非法种植违禁植物的,——

应当判处数额为法定基数值金额二十倍以上一百倍以下罚金刑,附加没收土地收成罪,或者为期二年以下矫正劳动刑,或者为期二年以下剥夺自由刑。

**附注:**

本条中的重大损害是指数额超过法定基数值一百倍以上的金额,数额巨大的收益是指数额超过法定基数值一百五十倍以上的金额。

**第三百五十六条　非法捕捞水生动植物**

一、违反既定规则捕捞鱼类、海洋生物与其他水生动物或者渔业海洋植物,如果这些行为是由事先通谋的犯罪团伙实施或者利用自身职务上的便利条件实施的,或者造成数额巨大的损害的,——

应当判处数额为法定基数值金额十五倍以上五十倍以下罚金刑,或者为期二年以下矫正劳动刑,或者为期一年以下剥夺自由刑。

二、上述行为在产卵地或者前往产卵地的大规模移徙路线上实施,抑或使用自动运输浮船、爆炸物、化学物质、电击或者其他大规模杀伤手段的,——

应当判处数额为法定基数值金额十倍以上三十倍以下罚金刑,或者为期二年以下矫正劳动刑,或者为期二年以下剥夺自由刑。

三、本条第二款规定的行为由事先预谋的犯罪团伙或者利用自身职务上的便利条件实施的,或者造成数额巨大的损失的,——

应当判处数额为法定基数值金额二十五倍以上七十五倍以下罚金刑,或者为期二年以下矫正劳动刑,或者为期三年以下剥夺自由刑。

**第三百五十七条　违反地下资源保护和使用规则**

违反采矿企业或者与采矿作业无关的地下设施设计、置放、建造、投产与经营时的地下资源保护与利用规定,以及擅自开发矿藏矿床,因此造成重大损害的,——

应当判处为期五年以下剥夺担任一定职务或者从事一定活动权利刑,或者数额为法定基数值金额十倍以上三十倍以下罚金刑,或者为期四百八十个小时以下义务劳动刑,或者为期二年以下矫正劳动刑。

**第三百五十八条　违反鱼类种群保护规则**

修建桥梁、堤坝,实施爆破或者其他工程,以及运行取水设施与抽水装置时违反鱼类种群保护规则,因此导致鱼类或者其他水生动物的大规模死亡,大量饲料资源损毁抑或其他严重后果的,——

应当判处为期五年以下剥夺担任一定职务或者从事一定活动权利刑,或者数额为法定基数值金额二十五倍以上七十五倍以下罚金刑,或者为期二年以下矫正劳动刑。

**第三百五十九条　非法狩猎**

不遵守既定的狩猎规则狩猎动物和鸟类,如果该行为造成重大损害,抑或使用机动车辆、爆炸物、毒气或者其他大规模灭绝野生动物和鸟类的方法,抑或在特别自然保护区,抑或针对完全禁止捕猎的野生动物和鸟类,抑或利用自身职务上的便利条件,抑或由事先通谋的犯罪团伙实施的,——

应当判处数额为法定基数值金额二十五倍以上七十五倍以下罚金刑,或者为期二年以下矫正劳动刑,或者为期二年以下剥夺自由刑。

**附注:**

本条中的重大损害,是指根据动物或者鸟类价格计算,非法狩猎造成的损害数额超过法定基数值二十倍以上的金额。

**第三百六十条　非法砍伐林木和灌木**

一、非法砍伐及毁坏一级林木或者灌木导致其停止生长，抑或在所有森林的特别保护区段以及对不属于国家森林基金或者禁止砍伐区域的林木或者灌木进行非法砍伐及毁坏，因此造成重大损害的，——

应当判处数额为法定基数值金额十倍以上二十倍以下罚金刑，或者为期四百八十个小时以下义务劳动刑，或者为期二年以下矫正劳动刑。

二、非法砍伐及毁坏所有森林林木或者灌木导致其停止生长，以及非法砍伐及毁坏不在国家森林基金内的植物，具有下列情节之一的：

（一）再次实施的；

（二）行为人利用自身职务上的便利条件实施的；

（三）数额巨大的，——

应当判处数额为法定基数值金额二十五倍以上五十倍以下罚金刑，或者为期二年以下矫正劳动刑。

**附注：**

本条规定中的数额较大是指损失超过法定基数值金额十五倍以上，数额巨大是指损失超过法定基数值金额七十五倍。

**第三百六十一条　破坏或者损毁森林**

一、以纵火或者具有公共危害的方法故意破坏或者损毁森林或者其他自然物的，——

应当判处为期二年以上五年以下剥夺自由刑。

二、因处理火源不慎或者疏忽对待其他高风险来源导致森林破坏或者损毁的，——

应当判处数额为法定基数值金额二十五倍以上七十五倍以下罚金刑，或者为期二年以下矫正劳动刑。

**第三百六十二条　违反自然区与自然物的特别保护制度**

违反自然资源保护区（禁伐区、禁猎区、禁渔区）、季节性自然保护区（季节性禁伐区、禁猎区、禁渔区）、国家公园、自然遗迹与其他国家自然特别保护区制度的，——

应当判处为期五年以下剥夺担任一定职务或者从事一定活动权利刑，或者数额为法定基数值金额二十倍以上四十五倍以下罚金刑，或者为期四百八十个小时以下义务劳动刑，或者为期二年以下矫正劳动刑。

## 第三十二章　危害交通运输安全运行与运营的犯罪

**第三百六十三条　违反铁路、水路或者航空交通运输的安全运行或者运营规则**

一、因从事工作或者担任职务而应遵守相应规则的人员违反铁路、航空、海上或者水上交通运输的安全运行与运营规则，导致过失造成数额巨大的损失的，——

应当判处为期五年以下剥夺担任一定职务或者从事一定活动权利刑，或者数额为法定基数值金额二十五倍以上五十五倍以下罚金刑，附加或不附加判处为期三年以下剥夺担任一定职务或者从事一定活动权利刑，或者为期二年以下矫正劳动刑，附加或不附加判处为期三年以下剥夺担任一定职务或者从事一定活动权利刑。

二、实施本条第一款规定的行为，导致过失致使刑事被害人的身体健康遭受重度伤害的，——

应当判处为期二年以下矫正劳动刑，附加或不附加判处为期三年以下剥夺担任一定职务或者从事一定活动权利刑，或者为期三年以下剥夺自由刑，附加或不附加判处为期三年以下剥夺担任一定职务或者从事一定活动权利刑。

三、实施本条第一款规定的行为，导致过失致使他人死亡的，——

应当判处为期五年以下剥夺自由刑，附加或不附加判处为期三年以下剥夺担任一定职务或者从事一定活动权利刑。

四、实施本条第一款规定的行为，导致过失致使二人或者多人死亡的，——

应当判处为期六年以上十年以下剥夺自由刑，附加或不附加判处为期三年以下剥夺担任一定职务或者从事一定活动权利刑。

**附注：**

本条规定中的损失数额巨大，是指超过法定基数值金额一百倍以上的损失。

**第三百六十四条　违反交通规则和交通工具运营规则**

一、行为人违反交通规则或者交通工具运营规则驾驶汽车、摩托车或者其他机动车辆，导致过失造成数额巨大的损失的，——

应当判处数额为法定基数值金额二十五倍以上五十倍以下罚金刑，附加或不附加判处为期三年以下剥夺担任一定职务或者从事一定活动权利刑，或者为期二年以下矫正劳动刑，附加或不附加判处为期三年以下剥夺担任一定职务或者从事一定活动权利刑。

二、实施本条第一款规定的行为导致过失造成数额巨大的损失，具有下列情节之一的：

（一）行为人在醉酒状态下实施的；

（二）置刑事被害人于危险之中并离开事故现场的，——

应当判处数额为法定基数值金额五十倍以上七十倍以下罚金刑，附加或不附加判处为期三年以下剥夺担任一定职务或者从事一定活动权利刑，或者为期二年以下矫正劳动刑，附加或不附加判处为期三年以下剥夺担任一定职务或者从事一定活动权利刑，或者为期一年以下剥夺自由刑，附加或不附加判处为期三年以下剥夺担任一定职务或者从事一定活动权利刑。

三、实施本条第一款规定的行为，导致过失致使他人身体健康遭受重度伤害的，——

应当判处数额为法定基数值金额五十倍以上一百倍以下罚金刑，附加或不附加判处为期三年以下剥夺担任一定职务或者从事一定活动权利刑，或者为期二年以下矫正劳动刑，附加或不附加判处为期三年以下剥夺担任一定职务或者从事一定活动权利刑，或者为期五年以下剥夺自由刑，附加或不附加判处为期三年以下剥夺担任一定职务或者从事一定活动权利刑。

四、实施本条第一款规定的行为导致过失致使他人身体健康遭受重度伤害，具有下列情节之一的：

(一)行为人在醉酒状态下实施的;

(二)置刑事被害人于危险之中并离开事故现场的,——

应当判处为期二年以下矫正劳动刑,附加或不附加判处为期三年以下剥夺担任一定职务或者从事一定活动权利刑,或者为期八年以下剥夺自由刑,附加或不附加判处为期三年以下剥夺担任一定职务或者从事一定活动权利刑。

五、实施本条第一款规定的行为导致过失致使他人死亡的,——

应当判处为期三年以上七年以下剥夺自由刑,附加或不附加判处为期三年以下剥夺担任一定职务或者从事一定活动权利刑。

六、实施本条第一款规定的行为,导致过失致使他人死亡,具有下列情节之一的:

(一)行为人在醉酒状态下实施的;

(二)置刑事被害人于危险之中并离开事故现场的,——

应当判处为期四年以上十年以下剥夺自由刑,附加或不附加判处为期三年以下剥夺担任一定职务或者从事一定活动权利刑。

七、实施本条第一款规定的行为,导致过失致使二人或者多人死亡的,——

应当判处为期五年以上十年以下剥夺自由刑,附加或不附加判处为期三年以下剥夺担任一定职务或者从事一定活动权利刑。

八、实施本条第一款规定的行为,导致过失致使二人或者多人死亡,具有下列情节之一的:

(一)行为人在醉酒状态下实施的;

(二)置刑事被害人于危险之中并离开事故现场的,——

应当判处为期八年以上十五年以下剥夺自由刑,附加或不附加判处为期三年以下剥夺担任一定职务或者从事一定活动权利刑。

**附注:**

一、本条规定中的损失数额巨大,是指损失超过法定基数值金额七十五倍。

二、行为人自愿对所致损害予以全部赔偿的,应当免除本条第一款与第二款规定的刑事责任。

三、行为人实施本条第三款、第五款或者第七款规定的行为的,如果已经采取所有可能性的措施救助刑事被害人，其刑罚不应当超过本条相应条款规定最高刑罚的一半。

四、行为人实施本条第二款、第四款、第六款或者第八款规定的行为的，如果为救助刑事被害人离开事故现场，不得因其离开事故现场而对其追究刑事责任。

五、行为人的醉酒状况依据土库曼斯坦立法规定被确认抑或逃避遵循主管人员依据对醉酒状况进行体检的法定根据与程序提出的合法要求进行体检的，应当认定为本条及第三百六十五条所指处于醉酒状态的行为人。

**第三百六十五条　醉酒后违反交通规则或者交通工具驾驶规则**

一、行为人在醉酒状态下违反交通规则或者交通工具驾驶规则驾驶汽车、摩托车或者其他机动车辆，导致过失致使他人身体健康遭受中度伤害或者轻微物质损害的，——

应当判处为期半年（六个月）以下剥夺自由刑，附加判处为期二年以下剥夺担任一定职务或者从事一定活动权利刑。

二、无驾驶权限的人员在醉酒状态下驾驶交通工具，因此造成本条第一款规定的后果的，——

应当判处数额为法定基数值金额二十五倍以上五十倍以下罚金刑，或者为期一年以下剥夺自由刑。

三、行为人此前因实施本条犯罪被判处刑罚后二年内再次实施该犯罪的，——

应当判处为期二年以下剥夺自由刑。

**附注：**

一、本条规定中的轻微损害是指造成的损失在法定基数值十倍以上七十五倍以下的金额。

二、行为人自愿对所造成的轻微物质损害予以全部赔偿的，应当免除本条第一款规定的刑事责任。

**第三百六十六条　车辆维修不合格与允许带有技术故障的车辆投入运营**

一、负责车辆技术状况的人员对车辆、交通线路、信号或者通信设施，抑或其他交通设施的维修不合格，以及允许带有技术故障的车辆投入运营，因此导致过失造成数额巨大的损失的，——

应当判处数额为法定基数值金额二十倍以上五十倍以下罚金刑，附加或不附加判处为期三年以下剥夺担任一定职务或者从事一定活动权利刑，或者为期二年以下矫正劳动刑，附加或不附加判处为期三年以下剥夺担任一定职务或者从事一定活动权利刑。

二、实施上述行为，导致过失致使他人身体健康遭受重度伤害的，——

应当判处为期二年以下矫正劳动刑，附加或不附加判处为期三年以下剥夺担任一定职务或者从事一定活动权利刑，或者为期二年以下剥夺自由刑，附加或不附加判处为期三年以下剥夺担任一定职务或者从事一定活动权利刑。

三、实施本条第一款规定的行为，导致过失致使他人死亡的，——

应当判处为期五年以下剥夺自由刑。

四、实施本条第一款规定的行为，导致过失致使二人或者多人死亡的，——

应当判处为期三年以上八年以下剥夺自由刑。

**附注：**

一、本条规定中的损失数额巨大，是指损失超过法定基数值金额七十五倍以上。

**第三百六十七条　破坏车辆或者交通路线**

一、损坏、损毁或者以其他方式破坏车辆、交通线路、信号或者通信设施，抑或其他交通设施，因此造成数额巨大的损失的，——

应当判处数额为法定基数值金额二十五倍以上五十倍以下罚金刑，或者为期二年以下矫正劳动刑，或者为期二年以下剥夺自由刑。

二、实施上述行为，导致过失致使他人身体健康遭受重度伤害的，——

应当判处为期二年以下矫正劳动刑，附加或不附加判处为期三年以下剥夺担任一定职务或者从事一定活动权利刑，或者为期四年以下剥夺自由刑，附加或不附加判处为期三年以下剥夺担任一定职务或者从事一定活动权利刑。

三、实施本条第一款规定的行为，导致过失致使他人死亡的，——

应当判处为期二年以上七年以下剥夺自由刑。

四、实施本条第一款规定的行为，导致过失致使二人或者多人死亡的，——

应当判处为期四年以上八年以下剥夺自由刑。

**附注：**

一、本条规定中的损失数额巨大，是指损失超过法定基数值金额七十五倍以上。

**第三百六十八条　违反交通运输安全作业保障规定**

一、乘客、行人或者其他交通参与者（本法典第三百六十三条与第三百六十四条规定的人员除外），违反交通安全或者车辆驾驶规则，因此导致过失致使他人身体健康遭受重度伤害的，——

应当判处数额为法定基数值金额二十倍以上四十倍以下罚金刑，或者为期四百八十个小时以下义务劳动刑，或者为期二年以下矫正劳动刑。

二、实施上述行为，导致过失致使他人死亡的，——

应当判处为期二年以下矫正劳动刑，或者为期三年以下剥夺自由刑。

三、实施本条第一款规定的行为，导致过失致使二人或者多人死亡的，——

应当判处为期三年以上六年以下剥夺自由刑。

**第三百六十九条　违反干线管道建设、运行或者维修的安全规则**

一、违反干线管道建设、运行或者维修的安全规则，因此造成数额巨大的损失的，——

应当判处数额为法定基数值金额二十倍以上四十倍以下罚金刑，附加或不附加判处为期三年以下剥夺担任一定职务或者从事一定活动权利刑，或者为期四百八十个小时以下义务劳动刑，附加或不附加判处为期三年以下剥夺担任一定职务或者从事一定活动权利刑，或者为期二年以下矫正劳动刑，附加或不附加判处为期三年以下剥夺担任一定职务或者从事一定活动权利刑。

二、实施上述行为，导致过失致使他人身体健康遭受重度伤害的，——

应当判处为期二年以下矫正劳动刑，附加或不附加判处为期三年以下剥夺担任一定职务或者从事一定活动权利刑，或者为期三年以下剥夺自由刑，附加或不附加判处为期三年以下剥夺担任一定职务或者从事一定活动权利刑。

三、实施本条第一款规定的行为，导致过失致使他人死亡的，——

应当判处为期五年以下剥夺自由刑。

四、实施本条第一款规定的行为，导致过失致使二人或者多人死亡的，——

应当判处为期三年以上八年以下剥夺自由刑。

**附注：**

本条规定中的损失数额巨大，是指损失超过法定基数值金额一百倍。

**第三百七十条　船长对遇难者不予救援**

身为船长，在提供援助明显不会对其船只、船员和乘客造成严重危害的情况下却对海上或者其他航道中的遇险人员不予救援的，——

应当判处数额为法定基数值金额二十五倍以上七十五倍以下罚金刑，或者为期二年以下矫正劳动刑，或者为期二年以下剥夺自由刑。

**第三百七十一条　违反国际飞行条例**

一、不遵守航行许可规定的航线、着陆地点、登机口、飞行高度或者其他违反国际飞行规则的，——

应当判处数额为法定基数值金额二十五倍以上七十五倍以下罚金刑，附加判处为期三年以下剥夺担任一定职务或者从事一定活动权利刑，或者为期二年以下矫正劳动刑，或者为期二年以下剥夺自由刑。

二、实施上述行为造成严重后果的，——

应当判处数额为法定基数值金额五十倍以上一百倍以下罚金刑，附加判处为期三年以下剥夺担任一定职务或者从事一定活动权利刑，或者为期五年以上十年以下剥夺自由刑。

**第三百七十二条　在空中交通管制时通过引导激光束制造障碍**

一、在空中交通管制时通过引导激光束制造障碍，导致过失造成应急状况或者致使他人身体健康遭受重度伤害的，——

应当判处为期二年以下矫正劳动刑，或者为期二年以下剥夺自由刑。

二、实施上述行为，导致过失造成严重后果或者致使他人死亡的，——

应当判处为期二年以下矫正劳动刑，或者为期五年以下剥夺自由刑。

三、实施本条第一款规定的行为，导致过失致使二人或者多人死亡的，——

应当判处为期五年以上十年以下剥夺自由刑。

# 第十三编 计算机信息领域内的犯罪

## 第三十三章 信息与通信领域内的犯罪

**第三百七十三条 非法访问信息、进入信息系统或者信息通信网络**

一、非法访问存储于电子载体并受法律保护的信息，非法进入信息系统或者信息通信网络，因此导致自然人和法人的权利和合法利益，以及受法律保护的社会和国家利益遭受重大侵害的，——

应当判处数额为法定基数值金额二十倍以上五十倍以下罚金刑，附加或不附加判处为期二年以下剥夺担任一定职务或者从事一定活动权利刑，或者为期一年以上矫正劳动刑，或者为期二年以下剥夺自由刑，或者为期二年以下矫正劳动刑，附加或不附加判处为期二年以下剥夺担任一定职务或者从事一定活动权利刑。

二、针对国家电子信息来源、国家信息系统或者重要的信息通信基础设施实施上述行为的，——

应当判处数额为法定基数值金额三十倍以上七十倍以下罚金刑，附加或不附加判处为期二年以下剥夺担任一定职务或者从事一定活动权利刑，或者为期二年以下剥夺自由刑，或者为期二年以下矫正劳动刑，附加或不附加判处为期二年以下剥夺担任一定职务或者从事一定活动权利刑。

三、实施本条第一款和第二款规定的行为因此导致过失造成严重后果，或者由事先通谋的犯罪团伙或者有组织犯罪团伙实施的，——

应当判处为期三年以下剥夺自由刑，附加或不附加判处为期三年以下剥夺担任一定职务或者从事一定活动权利刑。

**第三百七十四条　强迫传输信息**

一、以要挟使用暴力、损毁或者损坏财产，以及散布诋毁刑事被害人或者其近亲属的信息，抑或披露可能会对刑事被害人或者其近亲属的利益造成重大损害的信息为手段，强制传输存储于电子载体、信息系统中受法律保护的信息，或者通过电信网络传输受法律保护的信息的，——

应当判处数额为法定基数值金额二十五倍以上五十倍以下罚金刑，或者为期一年以下矫正劳动刑，或者为期二年以下剥夺自由刑。

二、实施上述行为具有下列情节之一的：

（一）再次实施的；

（二）由事先通谋的犯罪团伙实施的；

（三）以从关键的信息通信基础设施信息系统中获取信息为目的实施的，——

应当判处数额为法定基数值金额五十倍以上七十倍以下罚金刑，或者为期二年以下矫正劳动刑，或者为期二年以上五年以下剥夺自由刑。

三、实施本条第一款或者第二款规定的行为具有下列情节之一的：

（一）由有组织犯罪团伙或者犯罪集团实施的；

（二）造成严重后果的，——

应当判处为期五年以上十年以下剥夺自由刑。

**第三百七十五条　非法销毁信息或者更改信息格式**

一、故意对信息系统中受到法律保护的信息或者通过信息通信网络传输的信息、电子载体上存储的信息进行非法损坏或者变更其格式，以及故意将不实信息输入信息系统，因此造成自然人和法人的权利和合法利益，以及受法律保护的社会和国家利益遭受重大侵害的，——

应当判处数额为法定基数值金额二十倍以上七十倍以下罚金刑，附加或不附加判处为期二年以下剥夺担任一定职务或者从事一定活动权利刑，或者为期二年以下矫正劳动刑，附加或不附加判处为期二年以下剥夺担任一定职务或者从事一定活动权利刑。

二、针对国家电子信息来源和国家信息系统实施上述行为的，——

应当判处数额为法定基数值金额五十倍以上一百倍以下罚金刑，附加或不附加判处为期三年以下剥夺担任一定职务或者从事一定活动权利刑，或者为期二年以下剥夺自由刑，附加或不附加判处为期三年以下剥夺担任一定职务或者从事一定活动权利刑。

三、实施本条第一款和第二款规定的行为，因此造成严重后果，或者由事先通谋的犯罪团伙，或者有组织犯罪团伙实施的，——

应当判处为期三年以上七年以下剥夺自由刑，附加或不附加判处为期三年以下剥夺担任一定职务或者从事一定活动权利刑。

**第三百七十六条　破坏信息系统和信息通信网络的正常运行**

一、故意实施旨在破坏信息系统和信息通信网络正常运行的行为的，——

应当判处数额为法定基数值金额五十倍以上一百倍以下罚金刑，附加或不附加判处为期二年以下剥夺担任一定职务或者从事一定活动权利刑，或者为期二年以下矫正劳动刑，附加或不附加判处为期二年以下剥夺担任一定职务或者从事一定活动权利刑。

二、针对国家电子信息来源或者国家信息系统，抑或针对关键信息通信基础设施实施，或者由事先通谋的犯罪团伙实施上述行为的，——

应当判处数额为法定基数值金额一百倍以上一百五十倍以下罚金刑，附加或不附加判处为期三年以下剥夺担任一定职务或者从事一定活动权利刑，或者为期五年以下剥夺自由刑，附加或不附加判处为期三年以下剥夺担任一定职务或者从事一定活动权利刑。

三、实施本条第一款和第二款规定的行为，因此造成严重后果或者由有组织犯罪团伙实施的，——

应当判处为期五年以上十年以下剥夺自由刑，附加或不附加判处为期三年以下剥夺担任一定职务或者从事一定活动权利刑。

**第三百七十七条　非法获取信息**

一、故意非法复制或者以其他方式获取信息系统中受到法律保护的信息、通过信息通信网络传输的信息或者电子载体上存储的信息，因此造成自然人和法人的权利和合法利益，以及受法律保护的社会和国家利益遭受重大侵害的，——

应当判处数额为法定基数值金额四十倍以上七十倍以下罚金刑，附加或不附加判处为期二年以下剥夺担任一定职务或者从事一定活动权利刑，或者为期一年以下矫正劳动刑，附加或不附加判处为期二年以下剥夺担任一定职务或者从事一定活动权利刑。

二、使用暴力手段、损毁或者损坏财产，以及以散布损害刑事被害人或者其近亲名誉的信息或者可以导致其合法利益遭受重大损害的信息相要挟，以获取本条第一款规定的信息的，——

应当判处数额为法定基数值金额五十倍以上一百倍以下罚金刑，附加或不附加判处为期二年以下剥夺担任一定职务或者从事一定活动权利刑，或者为期二年以下剥夺自由刑，附加或不附加判处为期二年以下剥夺担任一定职务或者从事一定活动权利刑。

三、针对国家电子信息来源、国家信息系统或者关键的信息通信基础设施实施本条第一款或者第二款规定的行为的，——

应当判处为期三年以上七年以下剥夺自由刑，附加或不附加判处为期三年以下剥夺担任一定职务或者从事一定活动权利刑。

四、实施本条第一款、第二款与第三款规定的行为造成严重后果，或者由事先通谋的犯罪团伙，或者有组织犯罪团伙实施的，——

应当判处为期五年以上十年以下剥夺自由刑，附加或不附加判处为期三年以下剥夺担任一定职务或者从事一定活动权利刑。

**第三百七十八条　故意传播虚假信息**

一、故意传播虚假信息，因此造成自然人和法人的权利和合法利益，以及受法律保护的社会和国家利益遭受重大损害的，或者扰乱公共秩序可能导致现实危险的，——

应当判处数额为法定基数值金额四十倍以上七十倍以下罚金刑，或者为期一年以下矫正劳动刑，或者为期一年以下剥夺自由刑。

二、利用自身职务上的便利条件或者由事先通谋的犯罪团伙，或者利用大众信息媒体或者信息通信网络实施上述行为的,——

应当判处数额为法定基数值金额五十倍以上一百倍以下罚金刑,或者为期一年以下矫正劳动刑,或者为期一年以下剥夺自由刑。

三、实施本条第一款与第二款规定的行为,因此造成数额巨大的损失或者造成其他严重后果的,——

应当判处数额为法定基数值金额七十倍以上一百五十倍以下罚金刑,或者为期二年以下矫正劳动刑,或者为期二年以下剥夺自由刑。

四、本条第一款和第二款规定的行为,在进行公众活动时实施的,或者由有组织犯罪团伙,或者在紧急状态或者战争状态下实施的,——

应当判处为期五年以上十年以下剥夺自由刑。

**第三百七十九条 制作、使用与传播恶意软件**

一、非法销毁信息系统中受到法律保护的信息或者通过信息通信网络传输的信息、电子载体上存储的信息,制作计算机程序以破坏计算机、用户设备、计算机程序、信息系统或者信息通信网络的正常运行,或者生产软件产品,或者对现有软件程序或者软件产品进行修改、锁定、变更格式、复制,以及故意使用或者传播此类软件或者软件产品的,——

应当判处数额为法定基数值金额五十倍以上一百倍以下罚金刑,附加或不附加判处为期二年以下剥夺担任一定职务或者从事一定活动权利刑,或者为期三年以下剥夺自由刑,附加或不附加判处为期二年以下剥夺担任一定职务或者从事一定活动权利刑。

二、针对国家电子信息来源、国家信息系统或者重要的信息通信基础设施实施,或者利用自身职务上的便利条件实施上述行为的,——

应当判处为期三年以上七年以下剥夺自由刑,附加或不附加判处为期三年以下剥夺担任一定职务或者从事一定活动权利刑。

三、本条第一款和第二款规定的行为,如果实施时造成严重后果,或者由事先通谋的犯罪团伙或者有组织犯罪团伙实施的,——

应当判处为期五年以上十年以下剥夺自由刑,附加或不附加判处为期三年以下剥夺担任一定职务或者从事一定活动权利刑。

**第三百八十条　非法传播许可证限制的电子信息来源**

一、所有者或者持有者，非法传播依据土库曼斯坦立法规定实行许可证限制的信息，包括含有公民个人信息的信息来源的，——

应当判处数额为法定基数值金额四十倍以上七十倍以下罚金刑，附加判处为期二年以下剥夺担任一定职务或者从事一定活动权利刑，或者为期一年以下矫正劳动刑，附加判处为期二年以下剥夺担任一定职务或者从事一定活动权利刑。

二、利用自身职务上的便利条件实施上述行为的，——

应当判处数额为法定基数值金额五十倍以上一百倍以下罚金刑，附加判处为期三年以下剥夺担任一定职务或者从事一定活动权利刑，或者为期五年以下剥夺担任一定职务或者从事一定活动权利刑，附加判处为期三年以下剥夺担任一定职务或者从事一定活动权利刑。

三、本条第一款和第二款规定的行为，如果实施时造成严重后果，或者由事先通谋的犯罪团伙，或者有组织犯罪团伙实施的，——

应当判处为期三年以上七年以下剥夺自由刑，附加判处为期三年以下剥夺担任一定职务或者从事一定活动权利刑。

**第三百八十一条　为谋求非法目的提供置放互联网资源的服务**

一、为谋求非法目的置放互联网资源，以及故意提供非法服务，提供可在信息通信网络上开放运行的成套技术程序的，——

应当判处数额为法定基数值金额五十倍以上七十倍以下罚金刑，附加判处为期二年以下剥夺担任一定职务或者从事一定活动权利刑，或者为期二年以下剥夺自由刑，附加判处为期二年以下剥夺担任一定职务或者从事一定活动权利刑。

二、由事先通谋的犯罪团伙或者有组织犯罪团伙实施上述行为的，——

应当判处为期三年以上七年以下剥夺自由刑，附加判处为期三年以下剥夺担任一定职务或者从事一定活动权利刑。

**第三百八十二条　非法更改移动通信用户设备、用户识别装置识别码，以及为更改用户装置识别码制作、使用、散播相应程序**

一、未经制造商或者法定持有者许可，非法更改移动通信用户设备识别码或者制作移动通信用户识别卡的复制卡，以及使用电子控制器（互联网网关设备）在高频范围内工作的技术通信设备的，——

应当判处数额为法定基数值金额五十倍以上七十倍以下罚金刑，或者为期一年以下矫正劳动刑。

二、非法制作、使用、传播允许更改移动通信用户设备识别码或者制作移动通信用户识别卡复制卡程序的，——

应当判处数额为法定基数值金额七十倍以上一百倍以下罚金刑，或者为期一年以下矫正劳动刑，或者为期二年以下剥夺自由刑。

三、本条第一款与第二款规定的行为由有组织犯罪团伙实施的，——

应当判处为期三年以上五年以下剥夺自由刑。

**第三百八十三条　故意违反无人驾驶飞行器的技术测量要求**

故意违反土库曼斯坦规范性法令规定的技术测量要求，增加无人驾驶飞行器的技术能力，在对该行为采取行政处罚措施后一年内两次实施该行为的，——

应当判处为期二年以下矫正劳动刑，附加没收无人驾驶型飞行器，或者为期一年以下剥夺自由刑。

# 第十四编　军 事 犯 罪

## 第三十四章　军 事 犯 罪

**第三百八十四条　不执行命令**

一、下属不执行上级长官按照法定程序下达的命令，对履行军役活动造成重大损害的，——

应当判处数额为法定基数值金额三十倍以上五十倍以下罚金刑，或者为期二年以下限制军役刑，或者为期二年以下军事惩戒营禁闭刑，或者为期三年以下剥夺自由刑。

二、上述行为是由事先通谋的犯罪团伙实施的，或者造成严重后果的，——

应当判处为期三年以上八年以下剥夺自由刑。

三、在作战状况下实施本条第一款或者第二款规定的行为的，——

应当判处为期五年以上十五年以下剥夺自由刑。

四、因对待军役活动持有疏忽或者敷衍的态度而不执行命令，进而导致造成严重后果的，——

应当判处数额为法定基数值金额二十五倍以上四十倍以下罚金刑，或者为期二年以下限制军役刑，或者为期二年以下军事惩戒营禁闭刑，或者为期二年以下剥夺自由刑。

五、在作战状况下实施本条第四款规定的行为的，——

应当判处为期三年以上八年以下剥夺自由刑。

**附注：**

一、在武装力量、边防部队、内政部内卫部队、国家安全机关和部队、其他按照法律履行军役的部委和机关内服役的军职人员，违反法定的军役履行条例，应当认定为实施本章规定的军事犯罪。

二、在作战状况下违反军役履行条例实施的犯罪，其刑事责任由土库曼斯坦立法确定。

**第三百八十五条　背叛军人誓言**

一、军职人员违背正式宣布的誓言，如果该行为是基于贪利或者其他个人利益，对军职人员与其他公民的军役利益、权利与法律保护的利益造成重大损害的，——

应当判处为期二年以下限制军役刑，或者为期二年以下军事惩戒营禁闭刑，或者为期三年以上五年以下剥夺自由刑。

二、实施上述行为造成严重后果的，——

应当判处为期五年以上八年以下剥夺自由刑。

三、在作战状况下实施本条第一款或者第二款规定的行为的，——

应当判处为期八年以上十五年以下剥夺自由刑。

**第三百八十六条　对抗上级长官或者强迫其违反军职义务**

一、使用暴力手段或者以要挟使用该暴力为手段，对抗上级长官或者其他履行军职义务的人员，或者强制其违反这些义务的，——

应当判处数额为法定基数值金额五十倍以上一百五十倍以下罚金刑，或者为期二年以下限制军役刑，或者为期二年以下军事惩戒营禁闭刑，或者为期五年以下剥夺自由刑。

二、实施上述行为具有下列情节之一的：

（一）由事先通谋的犯罪团伙实施的；

（二）使用武器实施的；

（三）对他人身体健康造成中度或者重度伤害，或者导致其他严重后果的，——

应当判处为期三年以上八年以下剥夺自由刑。

三、在作战状况下实施本条第一款或者第二款规定的行为的，——

应当判处为期五年以上十五年以下剥夺自由刑。

**第三百八十七条　对上级长官使用暴力**

一、在上级军官履行军职义务期间或者因其履行该义务对其进行殴打或者使用其他暴力的，——

应当判处数额为法定基数值金额五十倍以上一百五十倍以下罚金刑，或者为期二年以下限制军役刑，或者为期一年以下军事惩戒营禁闭刑，或者为期三年以下剥夺自由刑。

二、实施上述行为具有下列情节之一的：

（一）由事先通谋的犯罪团伙实施的；

（二）使用武器实施的；

（三）对他人身体健康造成中度或者重度伤害，或者导致其他严重后果的，——

应当判处为期三年以上八年以下剥夺自由刑。

三、在作战状况下实施本条第一款或者第二款规定的行为的，——

应当判处为期五年以上十五年以下剥夺自由刑。

**第三百八十八条　在不具有隶属关系的情况下违反军职人员间关系的既定规则***

一、在不具有隶属关系的情况下违反军职人员间关系的既定规则，欺凌刑事被害人或者他人导致身体健康的中度伤害的，——

应当判处数额为法定基数值金额五十倍以上一百五十倍以下罚金刑，或者为期二年以下军事惩戒营禁闭刑，或者为期三年以下剥夺自由刑。

二、实施上述行为具有下列情节之一的：

（一）再次实施的；

（二）针对二人或者多人实施的；

（三）由事先通谋的犯罪团伙实施的，——

应当判处为期五年以下剥夺自由刑。

三、实施本条第一款或者第二款规定的行为，动用武器或者造成严重后

---

* 即现有规则。——译者注

果的,——

应当判处为期三年以上十年以下剥夺自由刑。

**第三百八十九条 侮辱军职人员**

一、部分军职人员在履行军职义务期间或者因履行军职义务而对其他军职人员进行侮辱的,如果此前曾因这些行为受到纪律处分后一年内再次实施,——

应当判处数额为法定基数值金额二十倍以上三十五倍以下罚金刑,或者为期一年以下限制军役刑,或者为期一年以下军事惩戒营禁闭刑。

二、在履行军职义务期间或者因为履行军职义务,上级长官侮辱下级人员,以及下级人员侮辱上级长官的,如果因这些行为受到纪律处分后一年内再次实施,——

应当判处数额为法定基数值金额三十五倍以上四十倍以下罚金刑,或者为期二年以下限制军役刑,或者为期二年以下军事惩戒营禁闭刑。

**第三百九十条 擅离职守**

一、擅自离开部队或者工作地点,以及在离开部队、任用、调职、出差、休假或者医疗机构持续时间超过三日但不到十日的情况下,无正当理由不如期履行兵役要求的,——

应当判处为期二年以下军事惩戒营禁闭刑。

二、履行军事惩戒营禁闭刑的军职人员实施上述行为的,——

应当判处为期二年以下剥夺自由刑。

三、征召入伍或者履行义务的军职人员,擅自离开部队或者服役地点,以及无正当理由不如期服役十日以上但不到一个月的,——

应当判处为期二年以下限制军役刑,或者为期二年以下军事惩戒营禁闭刑,或者为期三年以下剥夺自由刑。

四、实施本条第三款规定的行为时,擅自离开时间超过一个月的,——

应当判处为期五年以下剥夺自由刑。

五、在作战状况下实施本条行为时,擅自离开时间超过一日的,——

应当判处为期三年以上八年以下剥夺自由刑。

**附注：**

军职人员初次实施本条第一款规定的行为的，如果擅自离开部队或者工作地点是因各种严重状况共同导致的结果，应当免除其刑事责任。

**第三百九十一条　逃避军役**

一、逃避军役，即为逃避履行军职义务而擅自离开部队或者工作地点，以及基于同一目的不去履行军役的，——

应当判处为期二年以上七年以下剥夺自由刑。

二、使用因公托管的武器逃避军役，以及由事先通谋的犯罪团伙实施的，——

应当判处为期五年以上十年以下剥夺自由刑。

三、在作战状况下逃避军役的，——

应当判处为期八年以上二十年以下剥夺自由刑。

**附注：**

军职人员初次实施本条第一款规定的临阵脱逃行为的，如果该行为是因各种严重状况共同导致的结果，应当免除其刑事责任。

**第三百九十二条　装病或者以其他方式逃避履行军职义务**

一、军职人员通过假装生病或者自残（自伤）、伪造文件或者其他欺骗手段逃避军职义务，以及拒绝履行军职义务的，——

应当判处为期二年以下限制军役刑，或者为期二年以下军事惩戒营禁闭刑。

二、以彻底免除军职义务为目的实施上述行为的，——

应当判处为期七年以下剥夺自由刑。

三、在作战状况下实施本条规定之行为的，——

应当判处为期五年以上十五年以下剥夺自由刑。

**第三百九十三条　违反战备执勤条例**

一、违反及时发现与及时击退对土库曼斯坦发动的突然袭击抑或确保其安全的战备执勤（战斗勤务）条例的，如果该行为导致或者可能导致国家安全利益遭受侵害，——

应当判处为期二年以下限制军役刑,或者为期二年以下军事惩戒营禁闭刑,或者为期五年以下剥夺自由刑。

二、实施上述行为造成严重后果的,——

应当判处为期三年以上十年以下剥夺自由刑。

三、在作战状况下实施本条第一款或者第二款规定的行为的,——

应当判处为期五年以上十五年以下剥夺自由刑。

四、因疏忽或者敷衍态度违反战备执勤(战斗勤务)条例造成严重后果的,——

应当判处为期二年以下限制军役刑,或者为期二年以下军事惩戒营禁闭刑,或者为期三年以下剥夺自由刑。

五、在作战状况下实施本条第四款规定的行为的,——

应当判处为期三年以上八年以下剥夺自由刑。

**第三百九十四条　违反边防执勤条例**

一、边防执勤队人员或者其他履行边防执勤责任的人员违反边防执勤条例,因此导致或者可能导致国家安全利益遭受侵害的,——

应当判处为期二年以下限制军役刑,或者为期二年以下军事惩戒营禁闭刑,或者为期三年以下剥夺自由刑。

二、实施上述行为造成严重后果的,——

应当判处为期三年以上八年以下剥夺自由刑。

三、因疏忽或者敷衍违反边防勤务规则并造成严重后果的,——

应当判处为期二年以下限制军役刑,或者为期二年以下军事惩戒营禁闭刑,或者为期二年以下剥夺自由刑。

**第三百九十五条　违反卫兵勤务条例**

一、卫兵队(执勤)人员违反卫兵(执勤)勤务条例,因此导致被卫兵(执勤)保护的对象遭受严重损害的,——

应当判处为期二年以下限制军役刑,或者为期二年以下军事惩戒营禁闭刑,或者为期二年以下剥夺自由刑。

二、实施上述行为造成严重后果的,——

应当判处为期三年以上八年以下剥夺自由刑。

三、在作战状况下实施本条第一款或者第二款规定的行为的，——

应当判处为期五年以上十五年以下剥夺自由刑。

四、因疏忽或者敷衍态度违反卫兵（执勤）勤务条例造成严重后果的，——

应当判处为期二年以下限制军役刑，或者为期二年以下军事惩戒营禁闭刑，或者为期二年以下剥夺自由刑。

五、在作战状况下实施本条第四款规定的行为的，——

应当判处为期三年以上八年以下剥夺自由刑。

**第三百九十六条　违反维护公共秩序与保障社会安全的勤务条例**

一、部队执勤队队员，违反维护公共秩序与保障社会安全的勤务条例，因此导致公民权利与合法利益遭受侵害的，——

应当判处数额为法定基数值金额五十倍以上七十倍以下罚金刑，或者为期二年以下限制军役刑或为期二年以下军事惩戒营禁闭刑，或者为期二年以下剥夺自由刑。

二、实施上述行为造成严重后果的，——

应当判处为期二年以上五年以下剥夺自由刑。

**第三百九十七条　违反内部勤务与守备巡逻条例**

一、部队昼夜执勤队队员违反内部勤务条例（警卫、哨兵除外），以及巡逻值勤队队员违反驻防部队巡逻执勤条例，造成严重后果的，——

应当判处为期二年以下限制军役刑，或者为期二年以下军事惩戒营禁闭刑，或者为期二年以下剥夺自由刑。

二、在作战状况下实施上述行为的，——

应当判处为期一年以上五年以下剥夺自由刑。

**第三百九十八条　弃置损毁战舰**

一、未完全履行自身职责的战舰指挥官以及未得到战舰指挥官命令的船员弃置损毁战舰的，——

应当判处为期三年以上八年以下剥夺自由刑。

二、在作战状况下实施上述行为的，——

应当判处为期五年以上十五年以下剥夺自由刑。

**第三百九十九条　故意损毁军用物资**

一、故意损毁或者损坏武器、弹药或者军事装备物品的，——

应当判处为期二年以下限制军役刑，或者为期二年以下军事惩戒营禁闭刑，或者为期五年以下剥夺自由刑。

二、实施上述行为造成严重后果的，——

应当判处为期三年以上八年以下剥夺自由刑。

三、在作战状况下实施本条第一款或者第二款规定的行为的，——

应当判处为期五年以上十五年以下剥夺自由刑。

**第四百条　过失损毁军用物资**

一、过失损毁或者损坏武器、弹药或者军事装备物品造成严重后果的，——

应当判处数额为法定基数值金额五十倍以上一百倍以下罚金刑，或者为期二年以下限制军役刑，或者为期二年以下军事惩戒营禁闭刑，或者为期二年以下剥夺自由刑。

二、在作战状况下实施上述行为的，——

应当判处为期五年以下剥夺自由刑。

**第四百零一条　疏忽对待军用物资**

一、违反公务用武器、弹药或者军事装备的保管规定，因此导致其丢失的，——

应当判处数额为法定基数值金额五十倍以上一百倍以下罚金刑，或者为期二年以下限制军役刑，或者为期二年以下军事惩戒营禁闭刑，或者为期二年以下剥夺自由刑。

二、在作战状况下实施上述行为的，——

应当判处为期二年以上七年以下剥夺自由刑。

三、向征召入伍的军事人员出售、抵押或者转让发放个人使用的制服或者装备的，——

应当判处数额为法定基数值金额三十倍以上五十倍以下罚金刑，或者为期一年以下军事惩戒营禁闭刑。

四、在作战状况下实施本条第三款规定的行为的，——

应当判处为期五年以下剥夺自由刑。

**第四百零二条　违反武器及对环境具有高危致险性物品的使用规则**

一、违反武器、弹药、爆炸物或者其他对周边具有高危致险性的物质与物品使用规则，因此导致过失致使他人身体健康遭受重度伤害、军事设备损毁或者产生其他严重后果的，——

应当判处为期二年以下军事惩戒营禁闭刑，或者为期三年以下剥夺自由刑。

二、实施本条第一款规定的行为导致过失致使他人死亡的，——

应当判处为期五年以下剥夺自由刑。

三、实施本条第一款规定的行为导致过失致使二人或者多人死亡的，——

应当判处为期三年以上十五年以下剥夺自由刑。

**第四百零三条　违反军用、特种或者其他交通工具的驾驶与操作规则**

一、违反军用、特种或者其他交通工具驾驶与操作规则，导致过失造成数额巨大的损失的，——

应当判处为期一年以下军事惩戒营禁闭刑，或者为期半年（六个月）以下剥夺自由刑。

二、实施本条第一款规定的行为导致过失造成数额巨大的损失，具有下列情节之一的：

（一）行为人在醉酒状态下实施的；

（二）离开事故现场的，——

应当判处为期二年以下军事惩戒营禁闭刑，或者为期一年以下剥夺自由刑。

三、违反军用、特种或者其他交通工具驾驶与操作规则，因此导致过失致使他人身体健康遭受重度伤害的，——

应当判处数额为法定基数值金额五十倍以上一百倍以下罚金刑，或者为期二年以下军事惩戒营禁闭刑，或者为期三年以下剥夺自由刑。

四、实施本条第三款规定的行为，导致过失致使他人身体健康遭受重度伤害，具有下列情节之一的：

（一）行为人在醉酒状态下实施的；

（二）置刑事被害人于危险之中并离开事故现场的，——

应当判处为期二年以下军事惩戒营禁闭刑，或者为期五年以下剥夺自由刑。

五、实施本条第三款规定的行为，导致过失致使他人死亡的，——

应当判处为期二年以上五年以下剥夺自由刑。

六、实施本条第三款规定的行为，导致过失致使他人死亡，具有下列情节之一的：

（一）行为人在醉酒状态下实施的；

（二）置刑事被害人于危险之中并离开事故现场的，——

应当判处为期五年以上八年以下剥夺自由刑。

七、实施本条第三款规定的行为，导致过失致使二人或者多人死亡的，——

应当判处为期五年以上十年以下剥夺自由刑。

八、实施本条第三款规定的行为，导致过失致使二人或者多人死亡，具有下列情节之一的：

（一）行为人在醉酒状态下实施的；

（二）置刑事被害人于危险之中并离开事故现场的，——

应当判处为期八年以上十五年以下剥夺自由刑。

**附注：**

一、本条规定中的损失数额巨大，是指损失超过法定基数值金额七十五倍。

二、行为人自愿对所致损害予以全额赔偿的，应当免除本条第一款与第二款规定的刑事责任。

三、行为人实施本条第三款、第五款或者第七款规定的行为的，如果为救助刑事被害人采取了所有可能采取的措施，其刑罚不得超过本条相应条款规定的最高刑罚的一半。

四、行为人实施本条第二款、第四款、第六款或者第八款规定的行为的，如果为救助刑事被害人离开事故现场，不得因其离开事故现场而对其追究刑事责任。

五、行为人的醉酒状况依据土库曼斯坦立法规定被确认抑或逃避遵循主管人员依据对醉酒状况进行体检的法定根据与程序提出的合法要求进行体检的，应当认定为本条所指的处于醉酒状态的行为人。

**第四百零四条　违反飞行或者预备飞行条例**

违反飞行或者预备飞行条例，抑或军用飞机驾驶规则，导致过失致使他人死亡或者造成其他严重后果的，——

应当判处为期三年以上十年以下剥夺自由刑。

**第四百零五条　违反船舰航行条例**

违反军舰航行或者驾驶规则，导致过失致使他人死亡或者造成其他严重后果的，——

应当判处为期三年以上十年以下剥夺自由刑。

**第四百零六条　滥用权力或者公务身份**

一、上级长官或者其他公职人员滥用职权或者公务身份、逾越职权或者公务身份的，如果这些行为是基于贪利动机或者其他个人利益的目的实施，且对军职人员与其他公民的军役利益、权利和合法利益造成重大损害，——

应当判处数额为法定基数值金额五十倍以上一百五十倍以下罚金刑，附加或不附加判处为期三年以下剥夺担任一定职务或者从事一定活动权利刑，或者为期二年以下限制军役刑，或者为期二年以下军事惩戒营禁闭刑，或者为期三年以下剥夺自由刑。

二、使用危及他人生命或者身体健康的暴力手段实施上述行为的，——

应当判处为期五年以下剥夺自由刑。

三、实施本条第一款或者第二款规定的行为，导致他人死亡或者造成其他严重后果的，——

应当判处为期三年以上十年以下剥夺自由刑。

四、在作战状况下实施本条第一款、第二款或者第三款规定的行为的，——

应当判处为期五年以上十五年以下剥夺自由刑。

**第四百零七条　玩忽职守**

一、上级长官或者其他公职人员因疏忽或者敷衍态度未履行或者不当履行职责,导致对军职人员或者其他公民的军役利益、权利和合法利益造成重大损害的,——

应当判处数额为法定基数值金额四十倍以上一百倍以下罚金刑,或者为期二年以下限制军役刑,或者为期二年以下军事惩戒营禁闭刑。

二、实施上述行为导致他人死亡或者出现其他严重后果的,——

应当判处为期二年以上五年以下剥夺自由刑。

三、在作战状况下实施本条规定之行为的,——

应当判处为期三年以上十年以下剥夺自由刑。

# 《土库曼斯坦刑法典》附件
# “不得没收的财产清单”

下列对于被处刑人员及受其扶养人必需的财产和物品属于其个人所有或者共有财产中所占部分的份额,不得没收:

一、住宅、公寓或者其中一部分是被处刑人员及其家属常久居住,并且是唯一一处住宅。

二、务农为生的人员——为满足家庭生活所需的农场建筑与家畜,以及牲畜饲料。

三、下一季农业经济作物播种所需种子。

四、家居用品、用具、衣物:

(一)个人使用的衣物、鞋子、床单、床上用品、厨房用具与餐具。

用贵重材料制成的物品以及具有艺术价值的物品可予没收;

(二)被处刑人员及其家属最低程度上所需的家具;

(三)多块羊毛毡、两块毛毯、两块平面无绒地毯;

(四)所有儿童用品。

五、如果被处刑人员以务农为生,被处刑人员及其家属在获取新收成之前的必要食品。其他情况下,食品与钱款的总额不得超过法定基数值五倍。

六、准备食物与居住取暖所需要的燃料。

七、被处刑人员或者其家庭成员继续职业活动所需的用品(包括手册和书籍)。

八、专为残障人员行动设计的交通工具。